Jan-Dirk Müller
König Philipp und seine Krone

DAS MITTELALTERLICHE JAHRTAUSEND
Band 2

Im Auftrag der
Berlin-Brandenburgischen Akademie der Wissenschaften

herausgegeben von
MICHAEL BORGOLTE

berlin-brandenburgische
AKADEMIE DER WISSENSCHAFTEN

Jan-Dirk Müller

König Philipp und seine Krone

Über Fremdheit und Nähe mittelalterlichen Dichtens und Denkens

Akademie Verlag

Einbandgestaltung: Ingo Scheffler, Berlin
Satz: Werksatz Schmidt & Schulz, Gräfenhainichen
Druck & Bindung: Beltz Bad Langensalza GmbH, Bad Langensalza

Bibliografische Information der Deutschen Nationalbibliothek
Die Deutsche Nationalbibliothek verzeichnet diese Publikation in der Deutschen Nationalbibliografie; detaillierte bibliografische Daten sind im Internet über http://dnb.d-nb.de abrufbar.

Library of Congress Cataloging-in-Publication Data
A CIP catalog record for this book has been applied for at the Library of Congress.

Dieses Werk ist urheberrechtlich geschützt. Die dadurch begründeten Rechte, insbesondere die der Übersetzung, des Nachdrucks, des Vortrags, der Entnahme von Abbildungen und Tabellen, der Funksendung, der Mikroverfilmung oder der Vervielfältigung auf anderen Wegen und der Speicherung in Datenverarbeitungsanlagen, bleiben, auch bei nur auszugsweiser Verwertung, vorbehalten. Eine Vervielfältigung dieses Werkes oder von Teilen dieses Werkes ist auch im Einzelfall nur in den Grenzen der gesetzlichen Bestimmungen des Urheberrechtsgesetzes in der jeweils geltenden Fassung zulässig. Sie ist grundsätzlich vergütungspflichtig. Zuwiderhandlungen unterliegen den Strafbestimmungen des Urheberrechts.

© 2014 Akademie Verlag GmbH
www.degruyter.de/akademie
Ein Unternehmen von De Gruyter

Gedruckt in Deutschland

Dieses Papier ist alterungsbeständig nach DIN/ISO 9706.

ISBN 978-3-11-034454-7

Vorwort

Die Berliner Jahresvorträge zum mittelalterlichen Millenium setzte am 12. Februar 2013 Prof. Jan-Dirk Müller aus München fort. Wie schon der erste Vortrag von Otto Gerhard Oexle war die Veranstaltung des Mittelalterzentrums sehr gut besucht und die anschließende Diskussion lebhaft. Wir freuen uns sehr, den erweiterten und natürlich mit Anmerkungen versehenen Text in diesem zweiten Heft der neuen Reihe zum Druck bringen zu können und danken dem Autor herzlich dafür. Das Mittelalterzentrum an der Berlin-Brandenburgischen Akademie der Wissenschaften wird die Serie von Vorträgen prominenter Redner/innen verschiedener Fächer fortsetzen. Für die nächsten beiden Jahre konnten bereits ein Islamwissenschaftler und ein Philosoph gewonnen werden, und wir hoffen, die Manuskripte dann ebenfalls in diesem Medium publizieren zu können.

Danken möchte ich für die gute Zusammenarbeit erneut dem Akademie Verlag und seinem damaligen Leiter, Prof. Dr. Heiko Hartmann, besonders aber unserem langjährigen Lektor und verlässlichen Betreuer Manfred Karras. Beide haben mit der Etablierung der Reihe Mut gezeigt und sich von der Liebe zur Wissenschaft leiten lassen. Dass Herr Karras zur Jahreswende 2013/14 aus dem Verlag ausscheidet, ist ein großer Verlust für alle, die mit ihm viele Jahre lang vertrauensvoll und erfolgreich zusammengearbeitet haben, besonders gilt das für die Mittelalterforschung in Berlin.

Michael Borgolte

La Périchole:
Tu n'es pas beau, tu n'es pas riche,
Tu manques tout à fait d'esprit;
Tes gestes sont ceux d'un godiche,
D'un saltimbanque, dont on rit.
Le talent, c'est une autre affaire:
Tu n'en as guère, du talent ...
De ce qu'on doit avoir pour plaire
Tu n'en as presque rien, et pourtant ...

Piquillo:
Et pourtant?

La Périchole:
Je t'adore, brigand, j'ai honte à l'avouer,
Je t'adore et ne puis vivre sans t'adorer.

(*Jacques Offenbach*, ‚La Périchole', 3. Akt)

In der parodistischen Form der Operette haben wir hier die Quintessenz romantischer Liebe und neuzeitlicher Vorstellungen von Individualität: Wenn man jemanden liebt wie die Périchole ihren Piquillo, dann kommt es nicht auf irgendwelche allgemeinen Vorzüge an, die der andere verkörpert, auf Schönheit, Reichtum, Geist, Talent, sondern die Liebe gilt diesem einen Menschen, mag er auch ein unbegabter Schuft sein. Niklas Luhmann hat die Geschichte einer solchen passionierten Liebe seit der Frühen Neuzeit nachgezeichnet.[1] Es geht in dieser Geschichte nicht nur um Liebe, sondern generell um das Verhältnis zum anderen und das Verhältnis zu transpersonalen Ordnungen. Ihre Dreh- und Angelpunkte stehen hier nicht zur Debatte, wohl aber die Auffassung vom einzelnen Menschen, die ihnen zugrunde liegt: Der Einzelmensch wird hier in Abgrenzung, im Extremfall als Negation alles dessen entworfen, was kollektiv als werthaft gilt. Das Modell aus der ‚Périchole' soll als – zugegebenermaßen schlichte – Kontrastfolie dienen, wenn im Folgenden das andersartige Konzept des Verhält-

---

[1] *Luhmann*, Liebe als Passion (1982).

nisses des Einzelnen zum Anderen und zur allgemeinen Ordnung in literarischen Texten um 1200 beschrieben werden soll.[2] Die Frage lautet: Was ist am Einzelmenschen von Interesse; was wird auf Kosten von anderem hervorgehoben? Stellt man diese Frage, dann erscheinen mittelalterliche Texte befremdlich fern von dem, was ein Alltagsverständnis heute als selbstverständlich unterstellt, und so kann die Trivialisierung der Operette ein Leitfaden sein, sich der Fremdheit mittelalterlicher Texte zu nähern.

Mein Ziel ist es, das Interesse an einer Welt zu wecken, die der Gegenwart immer weiter entschwindet und allenfalls als touristische Attraktion überlebt oder als Element der Popkultur in Fantasy-Literatur oder Mittelaltermärkten bestaunt wird. Anders als in anderen europäischen Ländern ist in Deutschland die vormoderne Literatur, die Literatur vor der Goethezeit, nicht Bestandteil des kulturellen Gedächtnisses, und es sieht kaum danach aus, als sollte sich daran in absehbarer Zeit etwas ändern. Im Gegenteil ist zu beobachten, dass sich der Schwerpunkt des öffentlichen Interesses allmählich immer weiter zur Gegenwart, auf den Beginn des 20. Jahrhunderts, verschiebt. Wo die ältere Literatur (und das bezieht manchmal schon Autoren der Klassik ein) rezipiert wird, etwa auf der Bühne, da geschieht das oft aus einem unmittelbar gegenwartsbezogenen Weltverständnis heraus, oder aber man wundert sich, welche Konflikte es früher gab, wie sie ausgetragen wurden, welches Theater z. B. nötig ist, damit zwei junge Liebende zusammenkommen usw. Das sind keine guten Voraussetzungen für eine historische Lektüre alter Texte.

Eine solche Lektüre soll im Folgenden versucht werden. Ich möchte zeigen, wie unsere modernen Auffassungen vom Menschen und seiner Welt dem Verstehen mittelalterlicher Texte im Wege stehen können und wie wir uns mühsam den Weg zu diesem Verstehen bahnen müssen. Aber ich möchte auch zeigen, wie wir dafür mit einem Blick auf eine fremde Anthropologie belohnt werden. Im Zentrum meiner Überlegungen steht die Konzeptionalisierung von Einzelmenschlichkeit in mittelalterliche Literatur.

---

[2] Es wird von Offenbach selbst parodiert, wenn die Liebenden, nachdem sie sich endlich unter den angegebenen Bedingungen gefunden haben, nur noch stammeln: *felicità, felicità, etcetera, etcetera.* In dieser Zuspitzung ist das Modell romantischer Liebe leer.

Das Thema wird häufig unter dem Stichwort ‚Ursprung des neuzeitlichen Individuums' verhandelt;³ man will zeigen, wie und wann sich im Mittelalter so etwas wie Individualität im neuzeitlichen Sinne ausbildet. Versuche, derartige Zeitpunkte zu bestimmen, sind immer kontrovers und führen dazu, dass Geschichte teleologisch gebürstet wird; man sucht frühe Beispiele für ein anthropologisches Konzept, das in der Moderne mit dem Begriff der Individualität bezeichnet wird. Es gehört zu diesem Spiel, dass man auf der einen Seite immer noch frühere Beispiele anzugeben versucht und auf der anderen Seite die Einschlägigkeit der angeführten Beispiele für das betreffende Konzept bestreitet. So wurde in den 1920er Jahren dem Aufbruch der Renaissance des 15. Jahrhunderts die Renaissance des Mittelalters konfrontiert oder aber das Selbstverständnis der Renaissance als Anbruch einer neuen Zeit mit ihrer Traditionalität, ihrer ‚Mittelalterlichkeit' konfrontiert.⁴

---

[3] Die Literatur zu mittelalterlichen Individualitätskonzepten ist Legion. Ich zitiere wegen der Schärfe des begrifflichen Rahmens nur *Luhmann*, Individuum, Individualität, Individualismus (1993); *Hahn*, Partizipative Identitäten (1997); *Bohn*, Inklusionsindividualität (2001). Die systemtheoretische Bestimmung von Individualität ist freilich, wie Oexle gezeigt hat, damit erkauft, dass die Vielfalt der historischen Phänomene sich nie vollständig in einen solchen Rahmen fügt, s. *Oexle*, Luhmanns Mittelalter (1991), und Luhmanns Antwort in *Luhmann*, Mein Mittelalter (1991). Um solchen Bedenken von vornehereinzu begegnen, sei betont, dass im Folgenden nicht behauptet wird, das Mittelalter habe Individualität nicht denken können, und es wird auch keine Aussage darüber gemacht, wann Individualität ‚entdeckt' wurde. Es sollen nur Konstellationen in mittelalterlicher Literatur untersucht werden, in denen das Verhältnis des einzelnen Menschen zu anderen und zur allgemeinen Ordnung anders gedacht wurde als gegenwärtig. Der Beitrag setzt insofern Überlegungen fort, wie sie in dem Band von *von Moos* (Hrsg.), Unverwechselbarkeit (2004), angestellt wurden. Sie zielen auf eine Trennung der unterschiedlichen Aspekte des Problems; vgl. die Überlegungen des Hrsg., XV–XXVI.

[4] So noch *Benson / Constable* (Hrsg.), Renaissance and Renewal (1991); zu diesem Aufbruch gehört natürlich auch die Entdeckung der Individualität: *Benton*, Consciousness. in: Benson / Constable (Hrsg.), Renaissance and Renewal (1991), 263–295; vgl. zu derartigen Versuchen *von Moos*, Einleitung, in: Ders. (Hrsg.), Unverwechselbarkeit (2004), 2–5.

Nicht um eine solche Diskussion soll es hier gehen. Ganz gleich nämlich, welche Option man wählt, ist sie immer durch eine teleologische Perspektive bestimmt: Man betrachtet die Vergangenheit als Vorgeschichte dessen, was heute ist, und rückt sie entweder an den heutigen Zustand nahe heran oder aber entfernt sie von ihm möglichst weit. Überdies wird dabei meist übersehen, dass das Konzept der Individualität als eines der klassischen Moderne selbst schon in die Jahre gekommen ist und, nach seiner Infragestellung durch Psychoanalyse, Linguistik und Soziologie als Selbstbeschreibungsmodell gegenwärtiger Anthropologie ausgedient hat. Schon aus diesem Grunde sollen hier nicht ‚Vorläufer' neueren Denkens über den Menschen, das inzwischen so neu nicht mehr ist, in den Entwürfen mittelalterlicher Literatur beschrieben werden, sondern Alternativen dazu. Es soll um die Alterität mittelalterlicher Konzepte in unterschiedlichen literarischen Gattungen gehen.[5] Dazu werde ich einen Spruch Walthers von der Vogelweide, zwei Szenen aus dem Nibelungenlied und eine Handlungsfolge aus dem Artusroman ‚Iwein' von Hartmann von Aue kommentieren.

Die Krone, der Körper des Königs und die Epiphanie legitimer Herrschaft

Einer der berühmtesten Sprüche Walthers von der Vogelweide ist eine Strophe, die den Stauferkönig Philipp von Schwaben als legitimen Nachfolger seines Bruders Kaiser Heinrich VI. empfiehlt.[6]

---

[5] Ein Fazit der Alteritätsdiskussion findet sich in: *Becker / Mohr* (Hrsg.), Alterität als Leitkonzept (2012), 1–58.

[6] Ich zitiere die Strophe nach der Hs. B, und zwar nach dem Faksimile der Handschrift, doch unter Auflösung von Kürzeln und bei Einführung einer Interpunktion, im Übrigen unverändert (Weingartner Liederhandschrift, 169). Mir geht es um eine bislang, soweit ich sehe, in ihrer Bedeutung nicht erkannte inhaltliche Variante gegenüber C; daher gehe ich auf andere Fragen, die in der Forschung erörtert wurden (Datierung, Metrik usw.) nicht ein. Zu Walthers Spruchdichtung *Nix*, Untersuchungen (1993), dort auch die ältere Literatur, sowie *Nolte*, Bild (2010), 99–111. Walthers Polemik gegen König Philipp untersucht *Hucker*, Philipps Freunde (2010). Huckers Überlegungen sind, zumal in Bezug auf Wolframs ‚Wille-

Dv́ kron ist elter, danne der kúnig Phylippe si:
da mugint ir merken und schowen wunder bi,
wi si der smit so ebene hab gemachet.
sin kaiserliches hovbet zimet der krone wol.
ze reht sv́ nieman von ainander schaiden sol.
ietweders tugende niht des andern swachet.
Sv́ lv́htent baide ain ander an,
das edel gestaine und der tugenthafte man.
ir ovgen waide sehent die fv́rsten gerne.
swer des riches ierre gê,
der schowe, wem der waise an sinem nake ste.
der stain ist aller fv́rsten laite sterne. (L 18,9–19,4)[7]

Ich übersetze:

„Die Krone ist älter als König Philipp.
Daran könnt ihr alle ein Wunder bemerken und anschauen,
wie sie der Schmied so vorzüglich zueinander passend gemacht hat.
Sein kaiserliches Haupt passt für die Krone so gut,
wenn es mit rechten Dingen zugeht, soll keiner die beiden trennen;
keins mindert die Vortrefflichkeit des anderen.
Sie verleihen sich gegenseitig strahlenden Glanz,
das edle Gestein und der vortreffliche Mann.

---

halm' und das Nibelungenlied, was Analogien zwischen Epen und historischer Realität angeht, hochspekulativ und wenig textnah: Misstrauen erregt es, wenn „der Name Nibelungen […] an die Waiblinge" ‚gemahnen' soll (254), Gunthers Sohn den Namen Ortlieb erhält (256) oder Bischof Pilgrim von Passau der ‚Klage' [nicht ‚Klâge'!] zufolge „angeblicher Autor einer lateinischen Nibelungendichtung, die Meister Kuonrât übersetzte", gewesen sein soll (ebd.).

[7] Die maßgebliche Ausgabe von *Cormeau* (Hrsg.), Walther (1996), folgt dagegen – nicht völlig konsequent – Hs. C. B hat die Strophenfolge II, I, III, IV, V, während C nur die Strophen I–III kennt. Nach Cormeau lautet die Strophe: *Diu krône ist elter, danne der künic Philippes sî. / dâ mugent ir alle schouwen wol ein wunder bî. / wie di ime der smit sô ebne habe gemachet. / sîn keiserlîchez houbet zimt ir alsô wol, / daz si ze rehte nieman guoter scheiden sol. / ir dewederz dâ daz ander niht enswachet. / Si lachent* [so Hs. C; Cormeau konjiziert nach B *liuhtent*] *beide ein ander an, / daz edel gesteine wider den jungen süezen man. / die ougenweise sehent die fürsten gerne. / swer nû des rîches irre gê, / der schouwe, wem der weise ob sîme nackwe stê: / der stern ist aller fürsten leitsterne.*

Was ihr Auge so erfreut, sehen die Fürsten gern.
Wer unsicher ist, was das Reich [und seine Spitze] betrifft,
der soll anschauen, wem der Waise [ein Stein der Krone] über seinem Nacken steht.
Dieser Stein ist der Leitstern für alle Fürsten."

Die Umstände sind bekannt:[8] Walther greift mit diesem Spruch in eine tiefe Verfassungskrise des deutschen Reichs um 1200 ein. Nach dem plötzlichen Tod Kaiser Heinrichs VI., dessen Sohn Friedrich (II.) noch im Kindesalter war, war 1198 eine Doppelwahl erfolgt: Die staufische Partei hatte Philipp, den jüngeren Bruder des Kaisers, zum deutschen König gewählt, die Gegenpartei den Welfen Otto (IV.). Es standen sich damit die Parteien gegenüber, die schon unter Kaiser Friedrich Barbarossa die Reichspolitik bestimmt hatten. Die Zugehörigkeit zur einen oder zur anderen Partei war, zumal an den Rändern, unfest. Manche Fürsten unterstützten abwechselnd den Kandidaten, von dem sie sich das meiste versprachen oder – noch direkter – der das meiste versprach. Der Streit wurde über die Frage ausgetragen, wer von beiden von zur Königswahl berechtigten Wählern gewählt worden und welche Thronerhebung gültig war. Die staufische Partei war im Besitz der richtigen Krönungsinsignien, so dass Philipp mit der richtigen Krone gekrönt werden konnte. Doch war der traditionelle Krönungsort, Aachen, die Stadt Karls des Großen, im Besitz des Erzbischofs von Köln, der der Gegenseite anhing. Deshalb musste die staufische Partei an einen anderen Ort – nach Mainz – ausweichen. Die welfische konnte dagegen geltend machen, dass ihr Kandidat am richtigen Ort, in Aachen nämlich, gekrönt worden sei, wenn auch leider mit der falschen Krone. Die richtige Krone und der richtige Ort – beides ist für mittelalterliches Denken keine Äußerlichkeit. Die formgerechte Erfüllung der Krönungsordines[9] entscheidet über die Rechtsgültigkeit des Aktes. In diesem Fall ist er auf jeder Seite in einer bestimmten Hinsicht defizient. Es kommt also darauf an, das eigene Defizit herunterzuspielen und den eigenen Vorteil herauszustreichen. Deshalb spielt in Walthers Sprüchen für König Philipp die Krone eine zentrale Rolle.[10] Einige Forscher vermuten, dass der

---

[8] Angesichts der Fülle von Forschungsarbeiten – allein die auf Philipp im engeren Sinne bezogene Literatur in der Bibliographie bei *Rihacek / Spreitzer* (Hrsg.), Philipp von Schwaben (2010), 303–328, umfasst mehrere hundert Titel – muss ich mich mit einer groben Skizze begnügen; vgl. *Grundmann*, Wahlkönigtum (1975), 17–27; *Csendes*, Doppelwahl (2009); *Ders.*, Philipp von Schwaben (2003); *Rzihacek / Spreitzer* (Hrsg.), Philipp von Schwaben (2010), besonders die Beiträge zum 3. Teil: Der deutsche Thronstreit 1198–1208, 179–291.

[9] *Schramm*, Die Ordines der mittelalterlichen Kaiserkrönung (1929), 286–390; *Ders.*, Herrschaftszeichen und Staatssymbolik (1954–1956).

[10] So der Konsens der Forschung; vgl. *Nix*, Untersuchungen (1994), 41 f.

Spruch auf die Mainzer Krönung gemünzt war. Allerdings findet sich bei ihm nichts von dem Konflikt, geschweige von seinen politischen, ökonomischen und rechtlichen Hintergründen.

Harald Haferland hat Walthers Spruch zum Anlass genommen, auf die grundsätzlich ‚metonymische' Verfasstheit mittelalterlichen Denkens und Erzählens aufmerksam zu machen.[11] Eine Metonymie[12] ist eine rhetorische Trope, eine Ersetzungsfigur, die auf Teil-Ganzes-Beziehungen (‚Segel' für ‚Schiff') oder Kontiguitätsrelationen (ein räumlich oder zeitlich benachbarter Gegenstand für diesen selbst: ‚Ballhausplatz' für ‚Bundeskanzleramt') beruht. In diesem Sinne können wir z. B. noch heute von ‚Krone' statt von ‚Monarchie', ‚Spitze der Regierung' o. ä. sprechen. Solche metonymischen Relationen spielen im politischen Denken des Mittelalters zweifellos eine größere Rolle als in der Moderne. Trotzdem fragt sich, ob der Begriff Metonymie auf Walthers Spruch zutrifft. Die Krone ist ja weit mehr als ‚Wahrzeichen' von Herrschaft; sie ‚steht' nicht nur (oder ist ‚Zeichen') ‚für' Herrschaft oder Herrschaftsausübung sie ‚repräsentiert' nicht nur Herrschaft, und es handelt sich nicht um eine rhetorische Figur, ein „metonymisch repräsentierendes Arrangement".[13] Die Krone ist der konkrete Gegenstand, in dem legitime Herrschaft präsent ist. Sie ist eins mit ihrem Träger. Es gibt kein Ersetzungsverhältnis.

Walther hat die Bedeutungsstruktur, die einer ‚Repräsentation' zugrunde liegt, geradezu umgekehrt. Er argumentiert nicht, dass der Besitz der Krone den rechtmäßigen Besitz der Herrschaft anzeigt, ‚bedeutet', ‚repräsentiert'

---

[11] *Haferland*, Mittelalter (2004); *Ders.*, Verschiebung (2008); *Ders.*, Kontiguität (2009). Der globale Anspruch dieser These wurde jüngst in Frage gestellt durch *Kropik*, Metonymie (2013); vgl. auch *Müller*, Probleme (2014).

[12] *Birus*, Metonymie (2000); zu den epistemologischen Voraussetzungen von Tropen und zu den Eigenlogiken der literarischen Metonymie *Wellberry*, Übertragen (1999).

[13] So *Haferland*, Metonymie (2005), 324–326; Haferland betont selbst, dass dem metonymischen Gebrauch eine ‚Praxis' ‚vorausläuft', „in der die Krone als konkreter Gegenstand Herrschaft legitimiert und repräsentiert" (326 f.). Aber genau auf diesen (in den beiden Verben verwischten) Unterschied kommt es an: Die Praxis ist noch nicht metonymisch verfasst; sie ist nachträglich nur metonymisch interpretierbar. Die Praxis setzt wie bei magischen Akten Ununterscheidbarkeit voraus.

(dass also die richtigen Herrschaftszeichen wichtiger sind als die Krönung am richtigen Ort). Er sagt vielmehr: Philipp ist legitimer Herrscher, weil er und die Krone, wie jeder sehen kann, zusammengehören. Man könnte sich an dieser Stelle an die mittelalterliche Vorstellung von den zwei Körpern des Königs erinnert fühlen. Die Krone würde dann für den ewigen Aspekt der Herrschaft stehen,[14] der *tugenthafte man* für den zeitlichen, für die aktuelle Besetzung mit einem sterblichen Menschen. Das spätere Mittelalter wird zwischen diesen beiden Aspekten trennen.[15] Doch auch dieses Modell passt hier nicht; es wird gerade nicht zwischen den beiden Aspekten von Herrschaft unterschieden.[16] Die beiden ‚Körper' werden als einer wahrgenommen. Ewiger und zeitlicher Aspekt der Herrschaft fallen im gekrönten Philipp zusammen.[17]

Man muss genau auf Walthers Formulierung achten: Nicht die Krone passt dem König, sondern umgekehrt der König passt der Krone: *sîn keiserlîchez houbet zimt ir alsô wol*. Diese seltsame Verkehrung von Person und Herrschaftsattribut hat B auch im vorausgehenden Vers; dieser sagt, dass der Schmied die beiden, Krone und König, füreinander passend geschaffen habe, während die Handschrift C die scheinbar näher liegende Formulierung hat, dass der Schmied die Krone für Philipp (*im*) passend gemacht hat.[18] Die Ergänzung ist aber wenig sinnvoll, denn tatsächlich musste kein Schmied die weit ältere Krone Philipp anpassen, weil sie gleich passte; der wirkliche Schmied, der einst die Krone anfertigte, konnte noch nichts von

---

[14] Zu seiner sakramentalen Bedeutung *Staats*, Reichskrone (1991), 73 f. *Wapnewski*, Die Weisen (1979), deutet den *lait stern* als den Morgenstern, der der Tradition zufolge den Weisen aus dem Morgenlande vorausging.

[15] *Kantorowicz*, King's two bodies (1997).

[16] Wie in den spätmittelalterlichen Doppelgräbern, die den Herrscher zweimal darstellen, als den schönen ewigen Körper des Königs und den verwesenden sterblichen Körper des Menschen. Dagegen erfüllt bei Walther die irdische Gestalt des Königs die durch die Krone gesetzte ewige Form.

[17] Zur Sakralität des frühmittelalterlichen Königtums *Fichtenau*, Lebensordnungen (1994), 219–224.

[18] Die Einfügung entspricht der Tendenz dieser Hs., ungewöhnliche Formulierungen zu glätten, s. *Worstbrock*, Überlieferung der Budapester Minnesang-Fragmente (2004).

dem Staufer wissen.[19] Mit ‚Schmied' muss also, wie man seit je gesehen hat, Gott selbst gemeint sein, der Herrschaftszeichen, Herrscher und Herrschaft füreinander schuf. In diesem *wunder* offenbart sich die göttliche Lenkung der Welt. Die Person Philipps ist durch den Platz im Ordo definiert, den sie auszufüllen hat. Das Allgemeine geht dem Besonderen voraus.[20]

Deshalb ist von Eigenschaften dieser Person in B überhaupt nicht die Rede, wo C mindestens auf Philipps Jugend und seine Liebenswürdigkeit (*der junge süeze man*) abhebt, ihm also eine minimale Besonderheit zuschreibt, die ihn von anderen Menschen unterscheidbar macht. Dagegen heißt er in B nur *der tugenthafte man*. *Tugent* ist keine besondere Eigenschaft; es besagt nicht mehr, als dass Herrscher und Krone (*ietweders tugende*) füreinander ‚taugen'; *tugent* meint das Gut-sein, an dem sie beide Anteil haben; *ietweders tugende* strahlt deshalb die des anderen an. Philipp ist nichts als der von Gott bestimmte Träger der Krone; er ist der zur Krone passende Herrscher.

Die Einheit von Krone und Person ist ‚evident'; man kann das eine nicht vom anderen trennen (*scheiden*). Wo etwas evident ist, braucht es kein Nachdenken. Evidenz hängt mit *videre*, ‚sehen', zusammen, und deshalb fordert Walther insistierend dazu auf, nur genau hinzusehen (*schowen, sehen, ovgen waide*, das *lýhten* wahrnehmen). Die Fürsten ‚sehen es mit Vergnügen'. Wer und was Philipp ist, kann man sehen. Sichtbarkeit ist ein Garant der göttlichen Ordnung.[21] Folglich gibt es keinen Zweifel (*irre ge*) mehr an dem, was

---

[19] Auf diese Differenz kommt es mir an. Das Zueinander-Passen von Herrscher und Krone wurde natürlich immer gesehen; entscheidend ist, dass der Mensch Philipp für die Herrschaft gemacht erscheinen soll. Ungenau daher Formulierungen wie: „Obwohl die Krone lange vor Philipps Geburt geschaffen wurde, hat der Goldschmied sie ihm völlig passend zugerichtet", so *Nix*, Untersuchungen (1993), 43: nicht die Krone dem König, sondern der König der Krone.

[20] Ein Gegenstück außerhalb eines sakralen Kontextes ist die Schuhprobe im ‚König Rother', bei der sich, dass Rother die ‚richtige' Frau gefunden hat, daran zeigt, dass diese zum Schuh passt, nicht er zu ihr.

[21] Die Bedeutung von Sichtbarkeit für das mittelalterliche Denken hat vor allem *Wenzel*, Hören und Sehen (1995), herausgearbeitet. Am Beispiel des Nibelungenliedes habe ich dargestellt, wie die Trübung der Sichtbarkeit die Katastrophe vorbereitet und begleitet (*Müller*, Spielregeln [1998], 249–295).

das *riche* verlangt. Orientierung gibt der *laite sterne* in der Krone, der ‚Waise' genannte Edelstein, dem besondere Kräfte zugeschrieben werden. Er verpflichtet die Fürsten zur Gefolgschaft Philipps.

Walther macht sich ein mythisches Denken der Einheit von Herrscher, Herrschaft und Krone zunutze und interpretiert, was man sehen kann, als ein Zeichen göttlicher Providenz, um das, was in seiner Zeit strittig ist (ist Philipp der richtige? Ist er gültig gewählt?) für eindeutig geklärt auszugeben. Er kann das aber nur, weil er auf eine in der mittelalterlichen Laiengesellschaft um 1200 offenbar noch lebendige Vorstellung zurückgreifen kann: dass herrscherliche Legitimität nicht an diese oder jene persönliche Qualität gebunden ist, sondern in der Person des Herrschers sichtbar ‚erscheint'.

Dieses Denken gilt freilich um 1200 längst nicht mehr unwidersprochen. In der Doppelwahl von 1198 ist die Auflösung der Einheit mit Händen zu greifen, nicht zuletzt in der Diskussion über das gültige Verfahren der Königswahl: Was ist wichtiger, die richtige Krone oder der rechte Ort? Wer ist überhaupt zur Wahl berechtigt? Man hat gelernt zu unterscheiden und stützt seine Argumente für die Legitimität des einen oder anderen Thronkandidaten auf konkurrierende Sachverhalte. Nimmt man hinzu, dass der Papst beansprucht, die Eignung, die *idoneitas*, der Kandidaten zu prüfen und dass weitere rechtliche, politische und moralische Fragen zu klären waren, dann sieht man sich einer komplizierten Verfassungskrise rivalisierender politischer Institutionen gegenüber (Imperium, Sacerdotium, die Reichsfürsten, das Erbrecht der Dynastie usw.), die weit komplexer ist als jene mythische Einheit von Krone und Herrschergestalt. Seit dem Investiturstreit wird der Kampf um die Suprematie der päpstlichen oder kaiserlichen Gewalt mit wissenschaftlichen Mitteln der Theologie und der Jurisprudenz geführt. Der Gedanke der *idoneitas* – wie parteilich und irrational der Begriff im konkreten Fall von der Kurie gefüllt werden mochte[22] – bringt ein rationales Element in die Diskussion: Es geht um die Befähigung und Berechtigung zur Herrschaft.

---

[22] Auch in der Argumentation Papst Innozenz' III. geht es nur z.T. um Qualifikationen eines Herrschers, vielmehr um die Bereitschaft des Kandidaten, das vom Papst vertretene Rang- und Machtverhältnis zwischen *sacerdotium* und *imperium* anzuerkennen und die Politik daran auszurichten, s. *Kempf*, Innozenz III. (1985).

Von all dem ist hier nicht die Rede. Walther bringt eine eigene Deutung von *idoneitas* ins Spiel, freilich nicht als die Qualifikation für das hohe Amt, ausweisbar an moralischen Qualitäten, herrscherlichen Fähigkeiten und juristisch nachweisbaren Rechtsansprüchen. Dass Philipp geeignet ist, geht aus dem Zusammenstimmen von Krone und Gestalt des Gekrönten hervor. Darin erscheint eine ewige, göttlich sanktionierte Ordnung. Der Herrscher ist die anschaubare Verkörperung einer überzeitlichen Kraft *tugent* (*virtus*).

So ähnlich die politische Tendenz in Walthers zweitem Spruch im ersten Philippston sein mag, der von einer weihnachtlichen Festkrönung Philipps in Magdeburg handelt, so deutlich unterscheidet sich die Grundlage der Argumentation. An die Stelle mythischer Einheit von Person, Institution und Herrschaftszeichen tritt der typologische Verweis; der Auftritt des gekrönten Herrschers wird theologisch interpretiert.[23] Philipp, so sagt Walther, ist König und zugleich der Bruder eines Kaisers und der Sohn eines Kaisers, alles *in einer wât*, in einem Kleid, d.h. in einem Körper. Dabei gibt es doch drei Namen dafür (*swie doch die namen drige sint*, L 19,9). Drei in eins: das ist die Struktur der Trinität. Der Herrscher ist eine *figura*, ein Abglanz der Dreieinigkeit. Wieder aber wird das in seinem Auftritt mit *des rîches zepter* und der *krône* unmittelbar anschaubar (L 19,10); die spirituelle Deutung wird körperhaft präsent. Nicht anders der Auftritt der Königin, die ihm gemessen folgt. Ihr werden die Attribute der Gottesmutter Maria zugesprochen: *rôs âne dorn, ein tûbe sunder gallen*, Rose ohne Dorn, Taube ohne Bitternis (L 19,13). Die Gestalt des Herrscherpaares ist diaphan, d.h. durch sie hindurch fällt Blick auf eine göttliche Ordnung der Welt. Die Magdeburger Weihnacht ist eine Epiphanie des göttlichen Ordo. Gebunden ist die Epiphanie an die Gestalt des Herrschers; das Königspaar ist bloßes Medium dieser Epiphanie. Auch hier ist, wie im ersten Spruch, Legitimität anschaubar verkörpert.

---

[23] Dieses Denken ist in C deutlicher als in Hs. B erkennbar, wo die entscheidende Pointe, die Anspielung auf die Trinität, verdorben ist. Hs. B nennt Philipp nur Bruder und Sohn eines Kaisers und spricht von zwei Namen. Die Reihenfolge der Strophen differiert in B und C (II-I gegen I-II). Die Strophen standen offenbar nicht in einer festen Überlieferungseinheit, sondern jede für sich. Ich folge hier Cormeau (Hrsg.), Walther (1996), 37.

Herrschaft und Minne

Ein scheinbar gänzlich anderer Fall, eine Szene aus dem Nibelungenlied.[24] Auch hier erscheint der Einzelmensch als Platzhalter transpersonaler Kräfte, freilich diesmal nicht im Rahmen einer politischen Theologie. Das Nibelungenlied entsteht in seiner auf uns gekommenen Form wohl gegen Ende des 12. Jahrhunderts. Es basiert auf mehrere Jahrhunderte alten Sagen, die es in einen großepischen Zusammenhang zu bringen sucht. In seinem ersten Teil erzählt es vom Drachentöter und Hortbesitzer Siegfried, der die burgundische Königstochter Kriemhild zur Frau gewinnt, indem er deren Bruder Gunther seinerseits zu einer Frau, Brünhild, verhilft. Das ist allerdings nur mittels Betrug möglich. Aus dem Betrug erwachsen die Verwicklungen, die schließlich zur Ermordung Siegfrieds führen. Im zweiten Teil des Epos nimmt Siegfrieds Witwe Kriemhild dafür fürchterliche Rache, der schließlich die ganze heroische Welt zum Opfer fällt.[25]

Zu Beginn des Nibelungenliedes beschließt also der junge Xantener Königssohn Siegfried, um die burgundische Königstochter Kriemhild zu werben. Solche ‚Fernliebe' – er hat Kriemhild noch nie gesehen – gilt nicht der individuellen Person, sondern ihrem allgemeinen Ansehen und dem Ruhm ihrer Schönheit.[26] Die Eltern raten Siegfried ab, denn Kriemhilds Ver-

---

[24] Ich zitiere das Nibelungenlied nach der Ausgabe von *de Boor* (1959). Sie wurde noch einige Male marginal revidiert, doch jetzt abgelöst durch die wie Bartsch / de Boor auf der B-Fassung beruhende, doch enger am überlieferten Text orientierte Ausgabe von *Heinzle* (Hrsg.), Nibelungenlied und Klage (2013). Wenn ich trotzdem nach *de Boor* (Hrsg.), Nibelungenlied (1959), zitiere, dann weil zwei der in (III) diskutierten Übersetzungsvarianten sich auf diese Ausgabe beziehen, eine auf die (unten zitierte) C-Fassung und nur die Übersetzung von Heinzle selbst sich auf die Ausgabe von 2013 bezieht.

[25] Zu übergreifenden Fragen *Müller*, Spielregeln (1998), bzw. *Ders.*, Nibelungenlied (2009).

[26] *Worstbrock*, Fernliebe (2011), zeigt, dass es sich bei ‚Fernliebe' um ein gängiges Motiv der mittelalterlichen und frühneuzeitlichen Literatur handelt und dass sie „nicht auf die Begründung einer Liebesbeziehung zu einer Frau beschränkt" ist (141). ‚Fernliebe' kann dem überlegenen Gelehrten gelten, dem Lehrer, dem frommen Religiosen, dem Gesinnungsgenossen u. ä., aber eben auch der fremden Frau.

wandte sind sehr reich und mächtig, ihr *übermuot* und ihre *hôchvart* sind berüchtigt (Str. 53 f.); sie könnten den Bewerber abweisen. Siegfried lässt sich jedoch nicht abbringen und reitet mit nur elf Gefährten – *in recken wîse*, d. h. so wie Helden das tun – nach Worms. Dort aber geschieht etwas Unerwartetes: Statt seine Werbung vorzubringen, fordert er aus heiterem Himmel den Wormser König Gunther zu einem Zweikampf heraus, in dem entschieden werden soll, wer von den beiden Kontrahenten sein Land zu Recht besitzt.[27] Siegfried sagt:

Allerdings ist gerade dieses weite Bedeutungsspektrum erklärungsbedürftig. Insofern ist Fernliebe zwar gewiss keine „spezifische Erscheinung der ‚höfischen' Literatur des Hochmittelalters" (ebd.), trotzdem ist es auffällig, dass auch die Konzeption höfischer Liebe in der Minnelyrik sich – als *amour de loinh* – gerade an einem auf so viele soziale Beziehungen anwendbaren Modell ausrichtet und die Liebe eines Ritters zu einer Dame analog zu ihnen behandelt. Dabei wird auf alle jene Beziehungen die gleiche Sprache passionierter Liebe angewandt. Offenbar wird die Liebe eines Schülers zu seinem Lehrer kategorial nicht von der Liebe eines Mannes zu einer Frau unterschieden. Der Grund dafür ist, dass es in allen Fällen, also auch in der Geschlechterliebe, primär um die Verkörperung transpersonaler Werte geht (*virtus, fama*, Schönheit usw. – das gilt übrigens auch für die Brautwerbungsepik, nur dass es da andere Werte, etwa Ebenbürtigkeit, sind). Insofern scheinen mir über „Imagination", „Einbildungskraft", „Erwartungen, Sehnsüchte, Illusionen" oder „Träume" (137) hinaus – über dergleichen schweigen sich die Texte aus – im Mittelalter vor allem Werterkenntnis am Zustandekommen solcher Fernliebe beteiligt zu sein. Der in der geliebten Person verkörperte Wert muss nicht durch Anschauung überprüft werden. Dem Ausdruck der Wertschätzung gilt bei Fernliebe eine Sprache, wie sie seit Ende des 18. Jahrhunderts für die Geschlechterliebe reserviert ist. Es ist deshalb ebenso falsch, umstandslos aus dieser Sprache – etwa bei Aelred von Rievaulx – Schlüsse auf sexuelle Beziehungen zu ziehen, wie das Aelreds Sprache nahe zu legen scheint, wie umgekehrt zu übersehen, dass mit Fernliebe alle Art von Zuneigung bezeichnet wird, so dass die mit Freundesliebe, Wertschätzung für den Lehrer, Verehrung eines Heiligen parallelisierte Geschlechterliebe auf dieselbe Weise wie diese motiviert wird. Moderne Termini wie ‚Liebe', ‚Liebesbegehren', auf alle Formen von Fernliebe angewendet, nivellieren da sehr unterschiedliche Antriebe.

[27] Zu dieser Szene zuerst *Müller*, Sivrit (1974).

> *ich bin ouch ein recke und solde krône tragen.*
> *ich wil daz gerne füegen daz si von mir sagen*
> *daz ich habe von rehte liute unde lant.*
> *Dar umbe sol mîn êre und ouch mîn houbet wesen pfant.*
>
> *Nu ir sît sô küene als mir ist geseit,*
> *sone ruoch ich, ist daz iemen liep oder leit.*
> *ich wil an iu ertwingen swaz ir muget hân:*
> *lant unde bürge, daz sol mir wesen undertân.* (Str. 109 / 110)

(„Ich bin auch ein Recke und Erbe einer Krone. Ich möchte erreichen, dass man von mir sagt, ich herrschte zu Recht über Land und Leute. Dafür setze ich meine Ehre und mein Haupt zum Pfand ein. Wenn ihr so kühn seid, wie man mir gesagt hat, dann ist mir gleich, ob das jemandem gefällt oder nicht: Ich will mit Gewalt euch abnehmen, was ihr besitzen mögt, Länder und Burgen, das soll mir alles untertan sein.")

Der Sieger im Zweikampf, so schlägt Siegfried vor, soll das Reich des Unterlegenen bekommen.

> *Dîn erbe und ouch daz mîne sulen gelîche ligen.*
> *sweder unser einer am andern mac gesigen,*
> *dem sol ez allez dienen, die liute und ouch diu lant.* (Str. 114,1–3)

(„Dein und mein Erbe sollen gleichermaßen der Einsatz im Spiel sein. Wer von uns beiden über den anderen siegt, der soll über alles herrschen, Leute und Länder.")

Erst nach einem längeren Wortwechsel lässt er sich von seinem Vorhaben abbringen; er denkt plötzlich an Kriemhild, um die es ihm doch eigentlich gegangen war, und bleibt an Gunthers Hof, um sich lange und entsagungsvoll Kriemhild zu verdienen.

Über diese Forderung und über den plötzlichen Wechsel des Ziels seines Vorhabens hat man sich seit je gewundert. Man hat beides psychologisch mit Siegfrieds noch etwas unreifer Jungmännlichkeit erklärt, als freche Entgleisung gerügt oder sogar geglaubt, alles sei nicht ganz ernst gemeint.[28] Denkt man von der Struktur her, die im Fall von König Philipp das Verhältnis von Institution und Person, von legitimer Herrschaft und legitimem Herrscher zusammenschloss, sieht es mit dem Anspruch auf Herrschaft anders aus. In Siegfried ist eine übermäßige heroische Kraft (*virtus*) versam-

---

[28] Vgl. die Forschungsmeinungen bei *Müller*, Sivrit (1974), 89.

melt. Sie soll seinen Anspruch auf Herrschaft begründen. Die Kraft ist in Siegfrieds Gestalt anschaubar präsent. Das kommt in einem seltsamen Umstand zum Ausdruck, den das Epos mehrfach erzählt: Alle Leute erkennen Siegfried sofort, auch wenn sie ihn bis dahin noch nie gesehen haben. Jeder ist sich sofort sicher: Der Unbekannte muss Siegfried sein.[29] So geschieht es auch diesmal. Hagen weiß, wen er vor sich hat, kennt seine Geschichte und empfiehlt dem König, Siegfried ehrenvoll zu empfangen. Siegfrieds Überlegenheit ist in seiner körperlichen Gestalt ‚evident'.

Aus dieser Überlegenheit leitet Siegfried seinen Herrschaftsanspruch ab. Das ist gerade nicht Usurpation, sondern er will erproben, wer *von rehte* herrscht. Auch Siegfried bindet seine Berechtigung zur Königsherrschaft an etwas Transpersonales, etwas, das über seine Person hinausreicht, an die Stärke des Herrschers, der in der Lage sein muss, seinem Land den Frieden zu sichern:

„Ine wil ez niht erwinden", sprach aber der küene man.
„ez enmüge von dînen ellen dîn lant den fride hân,
ich wil es allez walten. und ouch die erbe mîn,
erwirbest dus mit sterke, diu sulen dir undertænic sîn. (113)
(„‚Ich will nicht darauf verzichten', entgegnete der kühne Mann, ‚wenn dein Land nicht durch deine Stärke den Frieden erhält, dann will ich über alles herrschen. Ebenso soll dir mein Erbe, wenn du es dir mit Stärke erkämpfst, untertan sein'").

Legitimität wird hier freilich nicht theologisch begründet, sondern rein physisch. Es handelt sich gewissermaßen um die heroische Variante eines Denkens, in dem die Legitimität der Herrschaft in der Gestalt des Herrschers zur Erscheinung kommt.[30]

Dieses Prinzip gilt allerdings auch hier keineswegs unangefochten. Gernot, der Bruder des Königs und Mitherrscher, und Hagen, der höchste Vasall der burgundischen Könige, widersprechen sofort. Das Gegenargument ist hier nicht wie bei den päpstlichen Theologen und Juristen die Prüfung von *idoneitas*, der Eignung zum Herrscher, sondern die dynastische

---

[29] *Müller*, Woran erkennt man (1992), 94–100; *Schulz*, Schwieriges Erkennen (2008), 47–83.
[30] Das Motiv ist also gattungsspezifisch modelliert, als heroische „Exorbitanz"; vgl. *von See*, Held (1993).

Tradition. Warum soll eine lange vom Vater ererbte Herrschaft und der rechtlich unangefochtene Besitz mächtiger Länder in einem Zweikampf aufs Spiel gesetzt werden? Die beiden berufen sich gegen Siegfrieds Forderung auf transpersonale Institutionen, die beide sich nicht unmittelbar im Herrscher ‚verkörpern' müssen: auf die durch Erbrecht legitimierte Monarchie und das überkommene Recht. Das sind genau die Gründe, die einem modernen Rezipienten Siegfrieds Vorschlag so unsinnig vorkommen lassen.[31]

Damit ist der Grund der Herausforderung Siegfrieds geklärt, doch nicht der abrupte Wechsel von der Werbung um Kriemhild zur Aggression gegen Gunthers Herrschaft. Offenbar hat auch die Minnewerbung etwas mit dem in Siegfrieds körperlicher Erscheinung zutage tretenden Anspruch zu tun. Siegfrieds scheinbar konträre Reaktionen bei seinem Erscheinen in Worms hängen zusammen. Schon im Konzept der Fernminne trat die personale Dimension von Minne in den Hintergrund zugunsten der Verkörperung transpersonaler Vorzüge: *ir unmâzen schoene* und dass sie der Hand eines Kaisers wert sei (49,2–4). Siegfrieds Begehren richtete sich auf das Ansehen und die Schönheit Kriemhilds, nicht auf Kriemhild als Person, denn er kannte sie ja gar nicht. Ansehen und Schönheit sind seiner überlegenen Stärke angemessen. Der Anspruch des besten und stärksten Mannes auf die Herrschaft und sein Anspruch auf die schönste Frau gehören zusammen; es sind zwei Seiten derselben Medaille. So sind Siegfrieds beide Forderungen im Kern identisch, und deshalb kann bei seinem Auftritt am Wormser Hof das eine für das andere eintreten und er kann zwischen beiden hin und her wechseln.

Die Formel ‚dem Stärksten die Schönste' liegt einer Unzahl von literarischen plots im Mittelalter zugrunde.[32] Es geht beide Male um gesellschaftliche Höchstwerte, nicht um die Personen, die sie besitzen. Die Beliebtheit der Formel erklärt sich aus ihrer Verwurzelung in einer agonalen Adelsgesellschaft. Sie wird durch die Vorstellung von Adel als Gutsein nahegelegt.

---

[31] Mit Max Weber hatte ich die Kontroverse als Auseinandersetzung zwischen einem ‚charismatischen' und einem ‚traditionalen' Konzept von Herrschaft gedeutet (*Müller*, Sivrit [1974], 95 f.). In der Diskussion nach dem Berliner Vortrag kam man auf diese Deutung zurück.

[32] *Strohschneider*, Einfache Regeln (1997); *Schulz*, Erzähltheorie (2012), 56–58; vgl. *Haferland / Schulz*, Metonymisches Erzählen (2010), 23–25.

Gutsein bedeutet für Männer und Frauen nicht dasselbe, im einen Fall – einer Kriegergesellschaft angemessen – Stärke, im anderen Schönheit. Die Formel verdichtet das Prinzip Adel und bindet beides an die körperliche Erscheinung. In einer adligen Gesellschaft kann sie auf breite Zustimmung rechnen.

Diese Vorstellungen werden freilich im Nibelungenlied auf vielfältige Weise problematisiert (was ich hier nicht ausführen kann). Das Epos entsteht ähnlich wie Walthers Spruchdichtung in einer Zeit, in der Normen der lateinischen Klerikerkultur zunehmend Eingang in das Denken der feudalen Laiengesellschaft finden, teils mit diesem verschmelzen, teils sie transformieren. Jene heroische Welt, der Siegfried angehört, wird zunehmend fremd. Die Forderung, Herrschaftsverhältnisse je neu gewaltsam auszuhandeln, wird verabschiedet: Nur noch in einigen Randbezirken der Epenwelt wie im Nibelungenland hat sie Platz. So ist der Anspruch, legitime Herrschaft im Körper des Herrschers zur Geltung zu bringen, schon auf dem Rückzug. Doch erweist sich im Verlauf der Epenhandlung auch das entgegenstehende Prinzip, die institutionelle Ordnung, auf Dauer als zu schwach. Sie wird in der allgemeinen Vernichtung am Etzelhof untergehen.

Nicht anders steht es mit der Minne. Siegfrieds Minne basiert zwar anfangs auf Fernliebe, auf dem Begehren nicht der Person, sondern der Werte, die in ihr zutage treten.[33] Doch auch dies beginnt sich zu ändern. Minne wird mindestens auf Seiten Kriemhilds zu einer exklusiven personalen Bindung, die nicht mehr auf der Unvergleichlichkeit von Geltung und allgemeinen Vorzügen wie Stärke und Schönheit beruht und bei der der eine Mann nicht umstandslos durch einen anderen ersetzt werden kann (*ergetzen* heißt das): Kriemhild wird wegen der ausschließlichen Liebe zu Siegfried die Vernichtung einer ganzen Welt und ihrer Ordnungen ins Werk setzen. Allerdings ist eine solche Liebe im mittelalterlichen Epos negativ konnotiert.

---

[33] Noch Etzels Werbung um Kriemhild basiert auf diesem Prinzip: Wenn er *die hoehsten und die besten* zur Frau haben wolle, raten ihm die Vasallen, solle er Kriemhild nehmen, denn *der starke Sîfrit was ir man* (1144,3 f.). Etzel lässt sich bestätigen, dass sie wirklich so schön ist, wie man sagt (1149,3) und folgert, wenn sie des berühmten Siegfried (*alsô tiure*) Frau war, sei sie nicht zu schlecht für ihn selber: *durch ir grôzen schoene sô gevellet si mir wol* (1158).

Kriemhilds radikale Option für den Geliebten wird als schwarzer Verrat erzählt.[34]

Man sieht, wie das Epos zwei unterschiedliche anthropologische Konzepte zueinander in Beziehung setzt. In Siegfrieds befremdlichen Reaktionen waren weder die institutionelle Dimension von Herrschaft noch die personale Dimension von Liebe gegeneinander ausdifferenziert, sodass das eine unmittelbar ins andere übergehen konnte und beide gewissermaßen im Heros und seinem Körper zusammenfielen. Doch zeigt sich im Verlauf der Epenhandlung, wie dieses Konzept verabschiedet wird.

Innen und Außen

Ich komme zu meinem dritten Beispiel: Zu den Verwicklungen um den Werbungsbetrug im Nibelungenlied gehört auch, dass Siegfried zwar Kriemhild glücklich gewinnt, Gunther aber, auch nachdem Siegfried an seiner Statt Brünhild im Wettkampf bezwungen hat, nicht in der Lage ist, Brünhild zur Frau zu machen. Im Gegenteil vereitelt Brünhild in der Hochzeitsnacht alle Annäherungsversuche Gunthers und hängt ihn schließlich mit ihrem Gürtel gefesselt an einem Nagel an der Wand auf. Mit Mühe erreicht er, dass sie ihn herunternimmt, bevor die Diener kommen. Gunther braucht also nochmal Siegfrieds Hilfe. Der kann, dank seines Tarnmantels unsichtbar, Brünhild tatsächlich bezwingen, doch schläft er nicht mit ihr, sondern räumt das Bett für Gunther.

Auf die Komplikationen dieses Vorgangs, aus denen der Mordplan gegen Siegfried hervorgeht, kann ich hier nicht eingehen. Mich interessiert die Einstellung der Protagonisten zum Geschehen, insbesondere das Verhältnis des Herrschers zu seiner Herrscherrolle, das Verhältnis von Person und Institution. Hier weiß die neuere Literatur zwischen Innen und Außen zu trennen, wobei das Interesse vor allem dem Innen gehört. Diese Erwartung spiegelt sich in den neuhochdeutschen Übersetzungen der Episode. An ihrem Leitfaden sollen Differenzen zwischen mittelalterlicher und neuzeitlicher Anthropologie entwickelt werden.

---

[34] *Müller*, Spielregeln (1998), 372–375.

Ich wähle die Übersetzung von Helmut Brackert,[35] die von Siegfried Grosse[36] und die neue von Joachim Heinzle[37] sowie die Übersetzung der Fassung C von Ursula Schulze[38]. Den Übersetzungen ist gemeinsam, dass sie sich mit Erfolg bemühen, die im mittelhochdeutschen Text angedeutete innere Gefühlslage der Protagonisten zu erfassen, dass es ihnen aber weit größere Probleme bereitet, die im mittelhochdeutschen Text oft mit denselben Vokabeln bezeichneten Aussagen über ihr äußeres Verhalten wiederzugeben.

Nach der für Gunther und Siegfried recht unterschiedlich verlaufenden Hochzeitsnacht folgen die üblichen kirchlichen und herrschaftlichen Rituale einer Fürstenhochzeit: die Einkleidung in Festgewänder, Messe, Einsegnung, Festkrönung.

Swie wol man dâ gebârte, trûrec was genuoc
Der herre von dem lande, swi er des tages krône truoc (643,3 f.)
(„wie gut es da auch allgemein zuging, der Herr des Landes war sehr *trûrec* – das entspricht unserem traurig –, und das, obwohl er an dem Tag die Krone trug").

Offenbar bricht ein Konflikt aus zwischen dem, was alle tun, und dem, was Gunther fühlt. Bei näherem Zusehen wird es allerdings schwierig, zwischen äußeren (die allgemeine Festesfreude) und inneren Dimensionen (Gunthers Missbehagen) zu trennen. Was heißt *trûrec*? Brackert übersetzt *trûrec* mit „mißmutig", ähnlich wie die übrigen.[39] Differenzen gibt es, wenn die Stimmung Gunthers mit dem Verhalten der anderen (*wol gebarte*) verglichen wird: „wie fröhlich es dabei auch zuging" (Brackert), „Alle waren froh gestimmt" (Heinzle); „Wie fröhlich es auch sonst zuging" (Schulze); „Wie

---

[35] *Brackert* (Hrsg.), Nibelungenlied (1970). Ich gehe, hauptsächlich von dieser im Übrigen sehr gelungenen Übersetzung aus. Semantisch neutrale Varianten des den einzelnen Übersetzungen zugrunde gelegten Textes bleiben außer Betracht.
[36] *Grosse* (Hrsg.), Nibelungenlied (1997).
[37] *Heinzle* (Hrsg.), Nibelungenlied und Klage (2013).
[38] *Schulze* (Hrsg.), Nibelungenlied (2009).
[39] *Brackert* (Hrsg.), Nibelungenlied I (1970), 143; *Grosse* (Hrsg.), Nibelungenlied (1997), 197: „sehr bedrückt"; *Heinzle* (Hrsg.), Nibelungenlied und Klage (2013), 205: „betrübt"; *Schulze* (Hrsg.), Nibelungenlied (2009), 650: „äußerst bedrückt".

auch immer man sich gab" (Grosse).[40] Drei der Übersetzer beziehen also das *wol gebarte* ebenfalls auf eine Stimmung, von der freilich im Text nicht die Rede ist.

Wie steht es mit *trûrec*? Dass Gunther nach der misslungenen Hochzeitsnacht schlecht gelaunt ist, kann man verstehen. Aber was hat das mit der Festkrönung zu tun (*swi er des tages krône truoc*)? Sollte das Tragen der Krone an seinem Missmut etwas ändern können? Oder geht es um etwas anderes? *Trûren* widerspricht offenbar der repräsentativen Erhöhung im Ritual. Dann aber muss *trûren* mehr sein als ein Gefühlszustand (den Gunther ja in seinem Inneren verschließen könnte). Das Epitheton *trûrec* bezeichnet offenbar allgemein Gunthers defizienten Status, der dem Ritual, in dem er erhöht wird, widerspricht und der durch das Ritual nicht wirklich kompensiert werden kann. Unter dieser Voraussetzung verschwindet die Schwierigkeit, dass es über die Festkrönung der beiden Paare wenig später heißt: *dô sach man si alle viere under krône vroelîchen stân* („da sah man sie alle vier – also auch Gunther – *vroelîchen* unter der Krone stehen", 645,4). Wie geht *vroelîchen* mit *trûrec* kurz zuvor zusammen? Hat sich Gunthers Laune inzwischen gebessert? Oder soll nicht vielmehr gesagt werden, dass auch Gunther scheinbar den Anforderungen des Rituals genügt (wobei dieses Ritual freilich eine trügerische Harmonie vorspiegelt)?

Zwei Übersetzer gehen über die Schwierigkeit hinweg, indem sie Gunther in die allgemeine freudige Stimmung einbeziehen; „fröhlich" (Grosse) bzw. „heiter" (Heinzle) stehen die vier da.[41] Das vereindeutigt den Wortlaut, steht aber offensichtlich im Widerspruch zu dem, was vorher über Gunthers Stimmung gesagt wurde. Schon der Bearbeiter der Fassung C des Nibelungenliedes hat den Widerspruch bemerkt und deshalb *vroelîchen* durch *lobelîchen* ersetzt. Der Erzähler sagt, wie die vier wirken, nicht wie sie sich fühlen; sie treten so auf, dass es ihnen Ansehen verschafft.[42] Angelegt ist das aber schon in der Fassung B. Dem trägt der Übersetzungsvorschlag von Brackert Rechnung, der an der Semantik von *vroelîch* ansetzt, das eben nicht nur

---

[40] Wie Anm. 39.
[41] *Grosse* (Hrsg.), Nibelungenlied (1997), 199; *Heinzle* (Hrsg.), Nibelungenlied und Klage (2013), 205.
[42] *Schulze* (Hrsg.), Nibelungenlied (2009), 650: „ruhmvoll".

Stimmungen bezeichnet. Er übersetzt deshalb: man sah sie „im strahlenden Glanz ihrer Kronen stehen"[43] und unterscheidet damit, wie das ein moderner Leser erwartet, zwischen der Harmonie des äußerlich anschaubaren Rituals und der inneren Stimmung Gunthers.

Das Befremdliche ist nur: Es gibt im Mittelhochdeutschen für beides – den äußeren Habitus und die innere Stimmung – jeweils nur eine einzige Bezeichnung (*trûrec* / *vroelîch*) Wo der neuhochdeutsche Übersetzer zu trennen sucht, gehören für den mittelalterlichen Dichter beide Seiten unauflöslich zusammen. Oft steht der äußere Habitus im Vordergrund. Schon mit *wol gebârte* sollte gesagt werden, dass alles glatt und harmonisch abläuft und deshalb allgemein Freude herrscht. Erst recht wird in der Festkrönung – wie in Walthers Bild vom gekrönten König Philipp – die Harmonie der Herrschaftsordnung präsent; deshalb kann der Auftritt der vier *vroelîchen* genannt werden.

Zu den Verwicklungen im Nibelungenlied gehört es, dass wegen des Betrugs bei der Werbung um Brünhild äußerer Anschein und tatsächliche Verhältnisse immer weniger zusammenstimmen. Daher können die Prädikate auf der Erzähloberfläche rasch wechseln. Nur ist es nicht ein Wechsel zwischen Innen und Außen, sondern zwischen äußerem Schein und dem, was sich dahinter verbirgt. Noch der Streit der Königinnen, der die Mordintrige auslöst, entzündet sich an dem, was alle sehen können.

In dem Akt der Festkrönung kann Gunther sich zwar als legitimer Herrscher fühlen. So stellt er sich im Blick des Hofes *vroelîchen* dar. Andererseits weiß er von dem Betrug, dem er die Hand der Königin verdankt, und von der Schande, die dessen Aufdeckung durch Brünhild ihm vergangene Nacht bereitet hat. Deshalb ist er *trûrec*. Er hat als Ehemann versagt, weil er zuvor als König, der behauptet, der stärkste zu sein, versagt hat. Weil beides miteinander verklammert ist, ist die Harmonie Schein. Gunther ist nicht nur als Ehemann, sondern auch als König beschädigt. Wo wir zwischen einem personalen und einem institutionellen Aspekt trennen würden, hängt für Gunther beides zusammen: Die eine Beschädigung zieht die andere nach sich.

Trûrec / *vroelîch* betreffen immer beide Seiten, wo die modernen Übersetzungen stets die eine betonen. Genauer untersucht wurde das vor Jahren an

---

[43] *Brackert* (Hrsg.), Nibelungenlied I (1970), 143.

den Begriffen *vreude*[44] und *leit*.[45] Mittelhochdeutsch *vreude* meint nie nur die individuelle Stimmung, sondern auch einen kollektiven Zustand von Harmonie, und mittelhochdeutsch *leit* kann sowohl ein innerer Schmerz sein, eine Be-leid-igung oder sogar eine körperliche Verletzung und ist meist alles das zugleich. Eine Kriegserklärung oder ein Versagen als Ehemann der Königin verursachen *leit*. Der dadurch hervorgerufene defiziente Zustand ist anschaubar. Moderne Übersetzungen tendieren demgegenüber dazu, den inneren Zustand zu fokussieren.

Schon einmal war davon die Rede gewesen, dass Gunther *trûrende* ging. Das war, als die Sachsen ihm den Krieg erklärt hatten:

Dem künege in sînen sorgen was idoch vil leit.
Dô sah in trûrende ein ritter vil gemeit. (153,1 f.)

Ich übersetze möglichst wörtlich: „Der König hatte angesichts seiner Sorgen großes Leid. Da sah ihn ein froher Ritter trauern." Gunthers *trûren* resultiert daraus, dass durch die Sachsen seine Herrschaft und die Harmonie seines Hofes bedroht ist; *trûren* meint mehr als die Übersetzungen vereindeutigend ausdrücken („niedergeschlagen"[46]). Es ist Ausdruck eines objektiven Zustandes.

Das gilt ebenso bei dem Epitheton *gemeit*, das dem anderen, der Gunthers *trûren* beobachtet, – es ist natürlich Siegfried – beigelegt wird. *Gemeit* heißt eigentlich froh. Dass „froh" nicht recht passt, haben die Übersetzer gesehen. Warum sollte Siegfried ausgerechnet jetzt froh gestimmt sein? *Gemeit* meint offenbar etwas anderes: Siegfrieds selbstsicheres, von keinen *sorgen* beeinträchtigtes Auftreten. Daher übersetzen es alle mit „stolz".[47] Diese Übersetzung stimmt mit der Intuition des modernen Lesers überein. Allerdings handelt es sich auch hier um eine Vereindeutigung, diesmal nur nach der anderen Seite, statt zur inneren Gestimmtheit zu einem Habitus. Siegfried ist von Gunthers Beschädigung nicht betroffen; seine Haltung ist nicht defizient; er zeigt Freude.

---

[44] *Eroms*, Vreude (1970).
[45] *Maurer*, Leid (1951).
[46] *Brackert* (Hrsg.), Nibelungenlied I (1970), 39; ähnlich die übrigen.
[47] *Brackert* (Hrsg.), Nibelungenlied I (1970), 39; *Grosse* (Hrsg.), Nibelungenlied (1997), 53; *Heinzle* (Hrsg.), Nibelungenlied und Klage (2013), 57.

Diese Übersetzungsproblematik ist symptomatisch für die Differenz zwischen mittelalterlicher und neuzeitlicher Anthropologie. Wenn man sich am mittelhochdeutschen Vokabular orientiert, das hier nicht unterscheidet, dann sind Vereindeutigungen in beide Richtungen problematisch. Gunthers Königsherrschaft ist durch die Sachsen bedroht; die entsprechende Haltung heißt *trûren*. Siegfried weiß davon nichts, ist also weiter *gemeit*. Es geht nicht darum, wie Gunther sich fühlt, sondern um das, was der Fall ist oder zu sein scheint. Offensichtlich drückt auch hier *trûren* die Reaktion auf einen defizienten Zustand (*leit*) aus, *gemeit* oder *vroelîch* sein Gegenteil.

Dass die Figuren gewissermaßen ‚Anhängsel' übergreifender Situationen sind, findet eine Bestätigung in einer späteren Szene des Epos, in der eine Interpretation als innere Reaktion der beteiligten Individuen zu absurden Konsequenzen führen würde. Gunther und seine Leute planen Siegfrieds Ermordung und täuschen zu diesem Zweck einen neuen Angriff der Sachsen vor. Wenn die angeblichen Boten der Sachsen die Kriegserklärung bringen, heißt es, *der künec begunde zürnen dô er diu mære bevant* („der König geriet in Zorn, als er das hörte", 880,4). Wieso wird der König zornig? Die Kriegserklärung ist doch erlogen. Gunther hat selbst den Krieg erfunden. Warum sollte er über seine eigene Lüge in Wut geraten?[48] Also kann *zorn* keine Gemütsbewegung sein, sondern meint die angemessene Haltung angesichts der ungerechtfertigten Bedrohung; mit seinem *zorn* demonstriert er den vom König zu erwartenden Entschluss zur Gegenwehr. Diese Haltung kann man wieder sehen. Und tatsächlich stellt Siegfried fest: *wie gât sô trûreclîche der künec unt sîne man* („wie zeigt der König und sein Hof solch ein *trûren*", 883,3).[49] Wo alle wissen, dass es den Angriff der Sachsen gar nicht gibt, dürften sich Gunther und seine Leute kaum schlecht fühlen. Aber sie zeigen die zu der angeblichen Herausforderung passende Reaktion. Siegfried kann deshalb beobachten, dass etwas nicht stimmt. Die Beschädigung ist bloß gespielt, aber auch dabei wird das *leit* anschaubar.

---

[48] Wieder ist schon in der Fassung C diese Unstimmigkeit beseitigt: *do begunde zurnen Gunther, als ob ez wære im unbekant* (C 888,4): der Zorn ist vorgetäuscht.
[49] Die Übersetzer beziehen das durchweg auf die Gemütslage, *Brackert* (Hrsg.), Nibelungenlied I (1970), 195 bzw. 197; *Grosse* (Hrsg.), Nibelungenlied (1997) 269 bzw. 271; *Heinzle* (Hrsg.), Nibelungenlied und Klage (2013), 283 bzw. 285.

Die Verbindung von individuellem Affekt und kollektiver Haltung zeigt sich immer wieder, so beim Weinen der Königin Brünhild, die vor dem ganzen Hof be-leid-igt wird. Ihr Weinen ist ein Politikum. Es geht den ganzen Hof an: *dô trûret' alsô sêre der Prünhilde lîp, / daz ez erbarmen muosen die Guntheres man* (863,2 f.). Der Hof ist herausgefordert (*muosen*). Brünhild ist nicht einfach traurig, sondern an *Prünhilde lîp*, an ihrem Körper, treten die Zeichen des *leit* so sichtbar hervor, dass der ganze Herrschaftsverband betroffen ist. Hagen trifft sie *weinende* (864,1) und gelobt Rache an Siegfried; *oder er wolde nimmer dar umbe vroelîch gestân* (oder er werde sich deshalb nie mehr froh zeigen, 864,4).[50] Er ist nicht mit-leidig, sondern gleichfalls beleidigt, unfähig fortan, an höfischer Freude teilzunehmen. Der Zustand der Harmonie ist beschädigt, und deshalb muss der Anlass Siegfried aus der Welt geschafft werden. Wenn Gunther bemerkt, dass seine Leute etwas gegen Siegfried planen, heißt es: *der helt des trûren began* (870,4). Die Übersetzungen schwanken zwischen der Interpretation als Aussage über Gunthers Gemütslage bzw. als Aussage über die Lage, in die er durch den Plan seiner Leute versetzt wurde.[51] Der mittelhochdeutsche Text meint beides: „das versetzte Gunther in einen Zustand des *trûren*".

Kehren wir zum Fest nach der misslungenen Hochzeitsnacht zurück. Es ist defizient, und das wird wieder bemerkt, und zwar von Siegfried, nicht weil der besonders sensibel ist, sondern weil Gunther sich von der Festgesellschaft absondert. Die Störung der Harmonie ist wieder anschaubar in der räumlichen Trennung von den anderen. Siegfried dagegen nimmt am

---

[50] *Brackert* (Hrsg.), Nibelungenlied I (1970), 193 übersetzt: „Sonst könne er nach einer solchen Schmach niemals wieder froh werden"; *Grosse* (Hrsg.), Nibelungenlied (1997), 263: „oder er selbst werde niemals wieder froh sein"; *Heinzle* (Hrsg.), Nibelungenlied und Klage (2013), 276: „oder er wollte wegen dieser Sache nie mehr froh sein"; *Schulze* (Hrsg.), Nibelungenlied (2009), 872: „sonst könne er selbst seines Lebens nicht mehr froh werden"; *vroelîch gestân* ist mehr: sich als froh zeigen.

[51] „Gunther, der Held, verfiel darüber in schwere Gedanken" (*Grosse* [Hrsg.], Nibelungenlied [1997], 265); „Darüber verfiel der Held in trübe Gedanken" (*Schulze* [Hrsg.], Nibelungenlied [2009], 879); „Darüber fiel der Held in Trauer" (*Heinzle* [Hrsg.], Nibelungenlied und Klage [2013], 279); „das brachte Gunther in einen schweren Konflikt" (*Brackert* [Hrsg.], Nibelungenlied I [1970], 193).

Fest teil, denn in ihm harmonieren die beiden Seiten, die bei Gunther auseinander getreten sind; er hat die Frau bekommen, die er begehrte, und er ist unangefochten Herrscher. Gunther, der entlarvte Betrüger und gedemütigte Ehemann, gehört nicht mehr ‚dazu'.

> *dô hete sich gescheiden der künec von sînen man*
> *swes iemen ander pflæge, man sah in trûrende gân.*[52]
> *Im unt Sîfride ungelîche stuont der muot*
> *wol wesse waz im were der edel ritter guot* (647,3-648,2)

(„da hatte sich der König von seinen Leuten abgesondert; was die anderen auch taten, man sah ihn *trûren* [er war verletzt, beschädigt, litt]. Ihm und Siegfried war ungleich zumute; der edle Ritter [= Siegfried] wusste genau,[53] was er hatte.")

Siegfried bietet Gunther an, ihm auch als Ehemann behilflich zu sein, besiegt Brünhild und macht das Bett für den König frei. Gunther schläft mit ihr; von nun an hat sie ihre außerordentlichen Kräfte verloren. Am anderen Morgen ist der König *verrer baz gemuot* (685,1) als vorher. Auch das bedeutet mehr, als dass der König besserer Laune ist. Wenn der König *baz gemuot* ist, wird aus diesem Grund im ganzen Land ein harmonischer Zustand der Freude hergestellt: *des wart diu freude guot / in allem sînem lande von manegem edelem man* (685,2 f.). Es ist nicht gemeint, dass die gute Laune des Königs auf die anderen abfärbt,[54] sondern dass die gefährliche Störung vorläufig beseitigt ist. Die beiden Seiten von Freude, die subjektive der Verfasst-

---

[52] Auf dieses Moment der Sichtbarkeit kommt es an. *Heinzle* (Hrsg.), Nibelungenlied und Klage (2013), 207, übersetzt: „Was auch die anderen taten, der König ging betrübt umher"; hier fehlt das Moment, dass man seine Haltung beobachten kann (*sah man*).

[53] *Brackert* (Hrsg.), Nibelungenlied I (1970), 145: „ahnte, was in Gunther vorging"; darin kann man die Verschiebung von außen nach innen beobachten; aus Siegfrieds Schlussfolgerung, aus dem, was man an Gunther sieht, wird eine einfühlsame Vermutung. Siegfried ahnt das nicht, sondern weiß es, weil man den Zustand gestörter Harmonie anschauen kann.

[54] Wie bei *Grosse* (Hrsg.), Nibelungenlied (1997), 211: „Darüber freuten sich die vielen Edelleute im ganzen Land" oder *Brackert* (Hrsg.), Nibelungenlied I (1970), 153: „Zur Freude vieler edler Männer im ganzen Land war der Landesherr an diesem Morgen viel besser gestimmt".

heit des Königs und die objektive des Festes, werden in ein Ursache-Folge-Verhältnis gebracht.[55]

Die Episode zeigt einmal mehr die Verklammerung personaler und transpersonaler Ordnungen – und die Übersetzungen die Anpassung an moderne Erwartungen, indem überwiegend von den psychischen Reaktionen der Beteiligten die Rede ist. Was uns am mittelalterlichen Text befremdet, ist die ‚Auswendigkeit' von Emotionen, die Verwischung der Grenzen zwischen Habitus und Stimmung. Das lässt sich gerade an einer Szene studieren, die scheinbar innere und äußere Welt in Gegensatz bringt: das was dem Ehemann Gunther widerfahren ist, und das, was Gunther als König darstellen muss, steht im Widerspruch. Der Widerspruch wird jedoch nicht als Diskrepanz zwischen Innen und Außen entfaltet, sondern als Diskrepanz zwischen zwei objektiven Gegebenheiten, bei denen sich Außen und Innen, wie das für beides zur Verfügung stehende Vokabular zeigt, noch kaum gegeneinander ausdifferenziert haben und an den besonderen Reaktionen der einzelnen Figur wenig Interesse besteht. Kleinere Retuschen der Fassung C belegen, dass das schon für mittelalterliche Hörer zum Problem wird. Durch die Person des Königs, der sein *leit* dissimulieren muss, läuft ein Riss, und dieser Riss wird nur scheinbar, durch einen neuerlichen Betrug geheilt.

Ehre und Minne

Der letzte Fall stammt aus Hartmanns von Aue ‚Iwein'.[56] Der Roman erzählt die Geschichte eines jungen Ritters am Artushof, der ein Land erwirbt, indem er ein rätselhaftes Abenteuer besteht und dadurch die Hand der Landesherrin erringt. Wegen eines Versäumnisses wird er von ihr vor dem Hof des Königs Artus angeklagt. Er verliert Land, Frau und Ehre. Darüber wird er wahnsinnig. Schließlich geheilt, muss er in einer langen

---

[55] Das drückt Heinzles Übersetzung sehr genau aus (*Heinzle* [Hrsg.], Nibelungenlied und Klage [2013], 685): Gunther ist „weit besser aufgelegt als früher. Die Folge war: In ungetrübter Freunde vergnügten sich in seinem Land viele hochgeborene Männer".

[56] Zitiert nach *Wolff* (Hrsg.), Hartmann (1968).

Kette von Abenteuern versuchen, das Verlorene wieder zurückzugewinnen. Das gelingt auch, aber nur, indem er seinen Namen aufgibt und als „Ritter mit dem Löwen" inkognito durchs Land zieht. Der Ritter mit dem Löwen verschafft sich ein großes Renommee. Zuletzt gelangt er an den Artushof. Dort erkennen schließlich alle, wer hinter dem Ritter mit dem Löwen steckt. So gewinnt Iwein seinen Namen und seine Ehre vor dem Hof wieder. Doch bedeutet ihm dies nichts, da seine Dame ihn weiter zurückweist. Iwein muss erkennen, dass die Wiederherstellung seiner Ehre ihn der Versöhnung mit seiner Geliebten nicht näher bringt. Nur dank einer List von deren Zofe Lunete gelingt es, Laudine zu versöhnen und Iwein wieder als Landesherr und Ehemann einzusetzen.

Das Verhältnis von Herrscher und Herrschaft, das uns in den bisherigen Beispielen beschäftigte, wird hier um die Dimension der Liebe erweitert. Liebe und Herrschaft sind auf prekäre Weise miteinander verknüpft. Iwein erweist sich als der beste Ritter, wird, wie Siegfried das gefordert hatte, Landesherr und erhält wie Siegfried die schönste Frau. Doch gewinnt nicht einfach der Stärkste die Schönste, sondern der Stärkste muss sich in die Schönste verlieben. Er riskiert alles, selbst sein Leben, um sie zu gewinnen, und ist, als er sie verloren hat, bereit, sich in lebensgefährlichen Abenteuern unablässig aufs Spiel zu setzen. Einerseits greift das bekannte Muster, andererseits erweist es sich als unzulänglich: Wenn Iwein die Liebe seiner Dame verliert, verliert er Herrschaft und ritterliche Existenz. Doch diese beiden wiederzugewinnen bedeutet noch lange nicht, dass er auch die Geliebte wiedergewonnen hat.

Die prekäre Verknüpfung beginnt mit dem Eingangsabenteuer. Es gibt da einen Quell in lieblicher Umgebung und einen kunstvoll behauenen Stein mit einem goldenen Gefäß. Wenn man mit dem Gefäß etwas Wasser aus der Quelle auf den Stein gießt, entsteht ein fürchterliches Unwetter, das alles ringsum zerstört. Das tut Iwein. Da erscheint ein Ritter, der Herr des Landes, der gegen den, der den Mechanismus ausgelöst hat, auf Leben und Tod kämpft. Man erkennt die Konstellation des Nibelungenliedes: Das Land soll den Frieden vom Landesherrn haben, indem dieser es persönlich gegen den Aggressor verteidigt. Hier misslingt das; der Landesherr wird in die Flucht geschlagen und, in dem Augenblick, in dem er die rettende Burg schon erreicht zu haben glaubt, von Iwein getötet. Der Starke muss dem Stärkeren weichen. Nach Siegfrieds Logik, die allerdings auch im Nibelungenlied nur in den Randzonen der epischen Welt noch gilt, müsste er damit an die Stelle des Landesherrn treten und als der Stärkste auch einen Anspruch auf die Schönste, die Frau des Landesherrn, haben.

Faktisch geschieht es auch so, doch der höfische Roman braucht einige Umwege. Nachdem er den Gegner getötet hat, ist Iwein durch ein herabfallendes Gitter in der Burg gefangen. Er kann sich nur mittels eines Zauberrings, der ihn unsichtbar macht, vor den Burgbewohnern und ihrer Rache schützen. Selbst unsichtbar, sieht er, wie Laudine um ihren erschlagenen Mann trauert. Dabei verliebt er sich in die untröstliche Witwe. Fortan hat er zwei Sorgen: einmal wie er die Liebe der Dame gewinnen kann und zum anderen wie er bei Hof einen Beweis seines Sieges über den Landesherrn erbringen soll (V. 1726–1737). Beides zu erfüllen scheint sich auszuschließen: Will er Laudines Liebe, darf er sich nicht als der enttarnen, der ihren Mann erschlagen hat. Will er aber den Ruhm dafür ernten, wird ihm das bei seiner Geliebten abträglich sein.

Doch es kommt ganz anders. Lunete, die Zofe der Laudine, beurteilt den Fall ihrer Herrin gegenüber nämlich so, wie wir es schon kennengelernt haben:

Uns ist ein vrumer herre erslagen:
Nû mac iuch got wol stiuren
Mit einem also tiuren. (V. 1802–1804)
(„Ein tapferer Herr ist uns erschlagen; nun möge Gott uns mit einem ebenso tüchtigen ausstatten.")

Wenn Laudine die Zauberquelle und damit ihr Land verteidigen will, braucht sie einen Kämpfer, der an die Stelle ihres Mannes tritt; dessen Kraft muss ersetzt werden. Mit dem Toten, sagt Lunete, sei schließlich nicht *älliu vrümekeit*, alle Tapferkeit, untergegangen (V. 1933). Den geeigneten Kämpfer gewinne Laudine allerdings nur, wenn sie ihn heirate. Als der stärkste muss er Landesherr und Mann der Schönsten sein. Wer kommt dafür in Frage? Die Antwort liegt nahe: Besser (*tiurer*) als der unterlegene Gatte der Laudine sei zweifellos der, der ihn erschlagen hat (V. 1969). Der geeignete Heiratskandidat ist Iwein. Hier sind die uns inzwischen bekannten Motive versammelt: Was fortdauert, ist die Herrschaft, mag der Herrscher auch umkommen; körperliche Auszeichnung legitimiert Herrschaft; der Stärkste kann Land und Frau beanspruchen.

Im höfischen Roman geht das allerdings nicht mehr so einfach.[57] Laudine weist den Gedanken, den einen Mann einfach durch einen anderen zu ersetzen, empört zurück. Einen Kämpfer will sie akzeptieren, doch keinen Ehemann. Aber weiterhin gehören körperliche Überlegenheit, Herrschaft und die Hand der schönsten Frau zusammen. Ihren Widerstand dagegen hält Laudine deshalb nicht durch. Sie beginnt nach einigem Sträuben Entschuldigungsgründe für Iwein zu suchen: Wurde er nicht angegriffen? Handelte er nicht aus Notwehr? Zuletzt stimmt sie der Heirat zu, unter der Bedingung

Hât er geburt und jugent,
und dâ zuo ander tugent,
daz er mir ze herren zimt,
und swenn ez diu werlt vernimt,
daz si mirs niht gewîzen kann
ob ich genomen habe den man
der mînen herren hât erslagen. (V. 2089–2095)

(„Wenn er von guter Herkunft ist, mit Jugend und anderen guten Eigenschaften ausgestattet, so dass er sich für mich als Gemahl schickt, wenn zudem die Leute, wenn sie es vernehmen, mich nicht tadeln können, ich hätte den Mann genommen, der meinen Gemahl erschlagen hat.")

Auf die einzelnen Gründe und die bei Hartmann ausgebaute Darstellung der Überlegungen Laudines, die Schritt für Schritt sich mit dem Gedanken vertraut macht, kommt es mir nicht an, sondern auf den narrativen Umgang mit einem traditionellen Erzählmotiv. Die Gleichung, die Lunete aufmacht, dass der einzelne Mensch Repräsentant eines Allgemeinen ist (*frümekeit*), das deshalb ebenso von einem anderen Menschen verkörpert werden kann und dass er deshalb auch von anderen Menschen ersetzt werden kann, geht offenbar nicht mehr widerstandslos auf. Laudines Einrede wird zwar letztlich entkräftet, aber eben erst nach einigem Widerstand. Allerdings gilt ihre Entscheidung für Iwein immer noch dem Verteidiger ihres Landes; sie

---

[57] Hartmann unterscheidet sich vor allem durch einige Umwege von Chrétien, bei dem der Mechanismus reibungsloser funktioniert: vgl. *Nolting-Hauff* (Hrsg.), Chrestien (1972).

handelt als verantwortliche Herrscherin,[58] und sie wählt nicht diesen besonderen Mann, sondern, wie die zitierten Bedingungen deutlich machen, den Repräsentanten von Jugend, Tüchtigkeit, guter Familie und Anerkennung durch die Welt.

Aber das genügt Hartmann immer noch nicht. Die metonymische Präsenz eines Allgemeinen im Besonderen reicht nicht aus. Was bis zu diesem Punkt primär sozial und politisch determiniert war, muss emotional nachgearbeitet werden, und deshalb muss sich Laudine ebenfalls verlieben.[59] Der ‚Iwein' kopiert zwei unterschiedliche Motive für Minne übereinander: Iwein ist der beste und er ist der begehrenswerteste; soziale und politische Passgenauigkeit auf der einen Seite und erotische Attraktion auf der anderen. Das zweite ist nicht einfach mit dem ersten schon gegeben, wenn auch der Roman nach wie vor erzählt, dass beide letztlich zusammenstimmen. Dieses Zusammenstimmen – und dadurch unterscheidet sich der höfische Roman von älteren epischen Modellen – muss allererst hergestellt werden, aber – und dadurch unterscheidet sich der höfische Roman von späterer Literatur – es gelingt selbstverständlich und bruchlos.

Hartmanns umständliches Arrangement wird Laudine allerdings nichts helfen, denn ein nachfolgender höfischer Erzähler, Wolfram von Eschenbach, wird ihren raschen Übergang von einem Mann zum nächsten heftig kritisieren und solcher Leichtfertigkeit die unwandelbare *triuwe* seiner Sigune konfrontieren.[60] Die Abfolge Hartmann – Wolfram zeigt: Im höfischen Roman setzt ein Denken ein, das neuzeitlichem Verständnis näher ist.

---

[58] Die Forschung hat gezeigt, wie Hartmann Laudine über ihre Rolle als Landesherrscherin aufwertet und wie ihr Verhalten Iwein gegenüber von der vorbildlichen Erfüllung dieser Rolle bestimmt ist; vgl. zuerst *Mertens*, Laudine (1978).

[59] Das wird vor allem rückblickend bei Iweins und Laudines Abschied durch die Worte der Frau Minne deutlich (V. 2971–3028), deutet sich aber auch in Iweins erstem Gespräch mit Laudine an; Laudines Frage *Ouwî, mîn her Îwein, / wer hât under uns zwein / gevüeget diese minne?* (V. 2341–2343) bezieht sich freilich primär auf die Versöhnung der vormaligen Feinde; auch muss Laudines Entscheidung für Iwein von den Vasallen gebillligt werden; auch bei ihnen spielen *des rîters geburt und vrümekheit* (V. 2412) eine Rolle.

[60] *Nellmann*, Wolfram (1994), 253,10–18; vgl. Bd. 2, 593 zu Wolframs Eheauffassung.

Entscheidend ist jetzt das personale Verhältnis, dem institutionelle, politische und soziale Gründe nachgeordnet werden. Hier dominieren diese noch, wenn auch nicht mehr uneingeschränkt. Sie sind erklärungsbedürftig und müssen ergänzt werden.

Dieselbe Konstellation wiederholt sich am Schluss des Romans. Als anonymer Ritter mit dem Löwen kann Iwein seine verlorene Ehre wiedergewinnen; am Artushof wird er als er selbst wiedererkannt und anerkannt: der Ritter mit dem Löwen ist Iwein. Das reicht Iwein jedoch nicht aus, solange er Laudines Gunst nicht wiedergewonnen hat. Er verlässt den Hof wieder und kehrt zur Zauberquelle zurück. Bis er mit Laudine versöhnt ist, wird er deren zerstörerischen Mechanismus immer wieder in Gang setzen, *daz ich noch ir minne / mit gewalt gewinne* (V. 7803 f.) – das heißt doch wohl: wo er als Person bei der beleidigten Laudine keine Chance hätte, hofft er darauf, als der Repräsentant überlegener Stärke, als der er schon einmal Erfolg hatte, zu obsiegen.

Und tatsächlich, genau auf diese Weise funktioniert es. Auf komödienhafte Weise sind ständische und individuelle Identität Iweins ineinander verschränkt. Iwein löst erneut das Unwetter aus. Es gibt niemanden, der dem Aggressor entgegenreitet. Wie beim ersten Mal hält Lunete ihrer Herrin vor, dass sie einen Verteidiger der Quelle braucht. Es gibt nur einen Kandidaten dafür: den berühmten Ritter mit dem Löwen. Der ist, wie man inzwischen erfahren hat, nur zu gewinnen, wenn Laudine ihm wieder die Gunst seiner Geliebten verschafft. Wieder akzeptiert Laudine und muss sich sogar eidlich verpflichten, sich um die Versöhnung des Löwenritters mit seiner Dame zu bemühen. Damit sitzt sie in der Falle, denn sie ist selbst die Dame, die den Ritter mit dem Löwen wieder in Gnaden aufnehmen soll. Der Eid, den sie dem Repräsentanten überlegener Gewalt leistet, bindet sie an den Mann, der sie als Geliebter enttäuscht hat. Wenn sie erfährt: *diz ist her Îwein iuwer man* (V. 8074), betont sie zwar, am liebsten würde sie den Mann zurückweisen, *der nie dehein ahte ûf mich gewan* (V. 8087, „der sich nicht um mich gekümmert hat"). Wenn man diesen Satz der enttäuschten Geliebten zurechnet, dann wird er doch durch die transpersonalen Rollen, die beide zu erfüllen haben – Landesherrin und Verteidiger der Landesherrschaft – entkräftet. Laudine fühlt sich durch den Eid gebunden. So akzeptiert sie Iwein, von dem sie sich verraten glaubt, weil sie sich dem Ritter mit dem Löwen verpflichtet hat, den sie braucht.

Auch hier stiftet nicht Zuneigung die Versöhnung.[61] Iweins generalisiertes Ich, der Ritter mit dem Löwen, bekommt, was dem unglücklich verliebten Iwein verwehrt war. Psychologisch wird diese Volte nicht entfaltet, wie dies ein neuerer Roman täte. Aber sie wird offenbar schon hier als mangelhaft erfahren. Das Ungenügen an diesem Schluss hat seine Spuren in der Überlieferung des Romans hinterlassen. Einige Handschriften erzählen nämlich noch von einem Fußfall Laudines vor Iwein, der erst die Versöhnung vollendet: Laudine bittet Iwein um Verzeihung für das, was sie ihm angetan hat.[62] Die Versöhnung zwischen den beiden Liebenden setzt mehr voraus als die komödienhafte Inszenierung des Satzes, dass der Stärkste die schönste zu bekommen hat. Laudine muss auch innerlich zustimmen, dass Iwein zurückkehrt.

Es gibt einen Streit, ob dieser Fußfall Laudines auf den Verfasser Hartmann selbst zurückgeht oder ob er die spätere Zutat eines Bearbeiters ist.[63] Im einen Fall wäre der Teil der Handschriften, der auf den Fußfall verzichtet, lückenhaft, im anderen hätte sich der überlieferte Text durch einen Zusatz von der ursprünglichen Gestalt des Werks, die Hartmann ihm gegeben hatte, entfernt. Die Frage, auf wen der Fußfall zurückgeht, kann mit den Mitteln der Philologie kaum entschieden werden;[64] der Fußfall steht sogar in einer gewissen Spannung zu Hartmanns Konzeption der Laudinefigur.[65] Letztlich ist die Entscheidung aber auch gleichgültig, denn ob nun

---

[61] Hausmann sähe in diesem Fall die Tendenz von Hartmanns Bearbeitung seiner Vorlage (vgl. Anm. 57) bedroht: Laudine könne nicht mehr „Trägerin einer Affektminne sein". Der „personale Affekt [erscheint] vollständig der Basismotivation Laudines untergeordnet" (*Hausmann*, Überlieferung [2001], 93 bzw. 89). Dann aber bleibt die Frage, warum Hartmann gerade diese „Basismotivation" wählte.

[62] Es handelt sich um die Überlieferung der Verse 8121–8136, die sich im ‚Iwein' B, dem Gießener Codex des ‚Iwein' (UB Hs. 97), und noch in zwei jüngeren Hss. finden, während sie im ‚Iwein' A (Heidelberg Cpg 397) fehlen.

[63] Die Diskussion zusammenfassend und Argumente für beide Alternativen anführend *Hausmann*, Überlieferung (2001); vgl. *Gerhardt*, Iwein-Schlüsse (1972). Bei Chrétien gibt es nichts dergleichen.

[64] *Hausmann*, Untersuchungen (2001), 86–93.

[65] *Hausmann*, Untersuchungen, (2001), 91 f.: Das, für das Laudine Iwein um Verzeihung bittet, war gerade der Kern ihrer landesherrlichen Verantwortung, mit deren Hilfe Hartmann die Figur aufwertete.

Hartmann selbst oder ob ein anderer die Verse dichtete: so oder so war jemand der Meinung, dass es angesichts der zuvor aufgebauten Beziehung des Paares zu wenig sei, dass der Held nur als überlegene Kampfmaschine, als Ritter mit dem Löwen, seine Geliebte zurückerobern kann. Die Versöhnung muss auch eine innere Dimension haben.

Die seltsame Verschränkung der Motive im ‚Iwein' zeigt, dass der höfische Roman eine neue Anthropologie entwirft. Die Mechanismen des sozialen Handelns sind weithin dieselben geblieben, doch sie reichen als Mechanismen nicht mehr aus. Es gibt einen Innenraum, der zwar immer noch mit ihnen in Übereinstimmung gebracht werden kann, der aber mindestens in nachträglichen Motivationen, vielleicht sogar in Textzusätzen sein Eigenrecht behauptet. Im ‚Iwein' sind ständische (institutionelle) Rolle und personales Begehren nur noch unter Schwierigkeiten zur Deckung zu bringen.

Eine andere Anthropologie?

Blickt man auf die vier Beispiele zurück, dann kehrt sich in der Reihe das Verhältnis von Einzelperson und transpersonalen Ordnungen um: Der König als Annex der Krone, der Heros, der als Inhaber exorbitanter Kraft[66] nicht nur die Herrschaft fordert, sondern auch auf die schönste Frau Anspruch macht, der König, dessen Herrschaft von einem Misserfolg als Ehemann beschädigt wird, und der Artusritter, der sich als der beste Ritter bewähren kann und trotzdem Gefahr läuft, das Ziel seines individuellen Begehrens zu verfehlen, dann aber doch Erfolg hat, weil er der beste Ritter ist: sie sind alle Konfigurationen einer anderen Anthropologie, die nicht vom Besonderen, dem Einzelmenschen, her denkt, sondern vom Allgemeinen her, das er verkörpert. Von einer anderen Anthropologie lässt sich sprechen, weil die Beobachtungen gattungsübergreifend sind. In den Gattungen Sangspruch, Heldenepos und höfischer Roman ist die Konstellation literarisch jeweils anders modelliert, doch verweist sie auf eine durchgängige Struktur.

---

[66] Vgl. *von See*, Held (1993).

Es wäre ein Missverständnis, diese Reihe als Stufen einer ‚Entwicklung' zu sehen, und das nicht nur, weil einzig Walthers Spruch einigermaßen sicher datiert werden kann, die Chronologie der beiden epischen Texte und ihr Verhältnis zu Walthers Spruch aber unsicher sind. Vielmehr sind es unterschiedliche Weisen, das Verhältnis von Einzelperson und des von ihr repräsentierten Allgemeinen (legitime Herrschaft, ständische Rolle, kollektive Werte) zu bestimmen (wobei die ‚höfische' Variante neuzeitlichen Vorstellungen näher stehen mag). In den vier Beispielen wird der Spielraum dieser uns fremden Anthropologie abgeschritten, so dass unterschiedliche Lösungen ausprobiert, ihre Grenzen getestet und manchmal überschritten werden.

Es waren nicht besondere, individuelle Qualitäten, nicht besondere Rechtsansprüche, die Philipp zur Herrschaft legitimierten, sondern seine anschaubare Übereinstimmung mit der in der Krone erscheinenden göttlichen Ordnung. Siegfrieds ‚Fernliebe' war nicht nur ein individuelles Begehren, sondern stand in Zusammenhang mit seiner überlegenen Stärke, aus der sich sein Anspruch auf die Herrschaft wie auf die schönste Frau ergab. Gunthers Versagen als Ehemann war Kehrseite seines Versagens als König und seine Reaktionen darauf betrafen nicht nur seine individuellen Gefühle, sondern seinen Status in der Gesellschaft. Iweins und Laudines Liebe wurde auf dem Umweg über die ständischen Rollen, die beide zu erfüllen haben, gesichert. Nie liegt der Fokus nur auf dem einzelnen Menschen, sondern zugleich und vor allem immer auf den in ihm verkörperten Kräften und Werten.

Besonders die drei epischen Texte zeigten, wie psychologische Rekonstruktionen des Verhaltens der Protagonisten zu kurz greifen: Siegfrieds Auftritt in Worms muss nach psychologischen Maßstäben unverständlich sein (oder eben mit der Rüpelhaftigkeit des jungen Helden wegerklärt werden). Gunthers und Siegfrieds Reaktionen haben neben ihrer inneren Dimension, die die Übersetzungen vorbildlich herausarbeiteten, auch noch eine äußere, anschaubare, und beide Seiten können gelegentlich in Konflikt geraten (Gunther und die Festkrönung!). Iweins und Laudines Liebe und ihre komödienhafte Wiederherstellung sind nicht verstehbar, wenn man ihre ständischen Rollen ausblendet und die damit verbundenen Mechanismen des Handelns. Laudine taxiert den Mann, den sie erwählt, nach allgemein verbindlichen Kriterien. Wäre die Prüfung negativ ausgefallen, hätte sie nie wie die Périchole gesagt: „Et pourtant …".

Literaturnachweise

Anja Becker / Jan Mohr (Hrsg.), Alterität als Leitkonzept für historische Interpretation. (Deutsche Literatur. Studien und Quellen, 8.) Berlin 2012.

Robert L. Benson / Giles Constable (Hrsg.), Renaissance and Renewal in the Twelfth Century. Oxford 1991.

John F. Benton, Consciousness of Self and Perception of Individuality, in: Benson / Constable (Hrsg.), Renaissance and Renewal (1991), 263–295.

Henrik Birus, Metonymie, in: Reallexikon der deutschen Literaturwissenschaft, Bd. 2. Hrsg. v. Harald Fricke u. a. Berlin / New York 2000, 588–599.

Cornelia Bohn, Inklusionsindividualität und Exklusionsindividualität, in: Dies. / Herbert Willems (Hrsg.), Sinngeneratoren. Fremd- und Selbstthematisierung in soziologisch-historischer Perspektive. Konstanz 2001, 159–176.

Peter Csendes, Die Doppelwahl von 1198 und ihre europäischen Dimensionen, in: Werner Hechberger / Florian Schuller (Hrsg.), Staufer und Welfen. Zwei rivalisierende Dynastien im Hochmittelalter. Regensburg 2009, 157–170.

Peter Csendes, Philipp von Schwaben. Ein Staufer im Kampf um die Macht. (Gestalten des Mittelalters und der Renaissance.) Darmstadt 2003.

Hans Werner Eroms, Vreude bei Hartmann von Aue. (Philologische Studien, 20.) München 1970.

Heinrich Fichtenau, Lebensordnungen des 10. Jahrhunderts. Studien über Denken und Existenz im einstigen Karolingerreich. München ²1994.

Christoph Gerhardt, ‚Iwein'-Schlüsse, in: Literaturwissenschaftliches Jahrbuch 13 (1972), 13–39.

Herbert Grundmann, Wahlkönigtum, Territorialpolitik und Ostbewegung im 13. u. 14. Jahrhundert. (Gebhardt Handbuch der dt. Geschichte, 5 = dtv Wissenschaftliche Reihe.) München 1975.

Harald Haferland, Kontiguität. Die Unterscheidung vormodernen und modernen Denkens, in: Archiv für Begriffsgeschichte 51 (2009), 61–104.

Harald Haferland, Metonymie und metonymische Handlungskonstruktion. Erläutert an der narrativen Konstruktion von Heiligkeit in zwei mittelalterlichen Legenden, in: Euphorion 99 (2005), 323–364.

Harald Haferland, Das Mittelalter als Gegenstand der kognitiven Anthropologie. Eine Skizze zur historischen Bedeutung von Partizipation und Metonymie, in: Beiträge zur Geschichte der deutschen Sprache und Literatur 126 (2004), 36–64.

Harald Haferland, Verschiebung, Verdichtung, Vertretung. Kultur und Kognition im Mittelalter, in: Internationales Archiv für Sozialgeschichte der deutschen Literatur 33 (2008), 52–101.

Harald Haferland / Armin Schulz, Metonymisches Erzählen, in: Deutsche Vierteljahrsschrift für Literaturwissenschaft und Geistesgeschichte 84 (2010), 3–43.

Alois Hahn, Partizipative Identitäten, in: Herfried Münkler (Hrsg.), Furcht und Faszination. Facetten der Fremdheit. Berlin 1997, 115–158.

Hartmann von Aue, Iwein, hrsg. v. *Ludwig Wolff*. Berlin 1968.

Albrecht Hausmann, Mittelalterliche Überlieferung als Interpretationsaufgabe. ‚Laudines Kniefall' und das Problem des ‚ganzen Textes', in: Ursula Peters (Hrsg.), Text und Kultur. Mittelalterliche Literatur 1150–1450. (Germanistische Symposien, 23.) Stuttgart / Weimar 2001, 72–98.

Bernd Ulrich Hucker, Philipps Freunde, Philipps Feinde – der Thronstreit im Spiegel zeitgenössischer Dichtungen (1202/08), in: Rzihacek / Spreitzer (Hrsg.), Philipp von Schwaben (2010), 245–262.

Ernst H. Kantorowicz, The King's Two Bodies. A Study in Medieval Poltical Theology with a new preface by William Chester Jordan. Princeton 1997.

Friedrich Kempf, Papsttum und Kaisertum bei Innozenz III. die geistigen und rechtlichen Grundlagen seiner Thronstreitpolitik. (Miscellanea Historiae Pontificiae, 19.) Rom 1954.

Friedrich Kempf, Innozenz III. und der deutsche Thronstreit, in: Archivum Historiae Pontificiae 23 (1985), 63–91.

Steffen Krieb, Vermitteln und Versöhnen. Konfliktregelung im deutschen Thronstreit 1198–1208. (Norm und Struktur, 13.) Köln / Weimar / Wien 2000.

Cordula Kropik, Metonymie und Vormoderne. Zur kulturgeschichtlichen Verortung einer Denkfigur, in: Poetica 45 (2013), 81–112.

Niklas Luhmann, Individuum, Individualität, Individualismus, in: Ders., Gesellschaftsstruktur und Semantik. Studien zur Wissenssoziologie der modernen Gesellschaft, Bd. 3. Frankfurt am Main 1993, 149–158.

Niklas Luhmann, Liebe als Passion. Zur Codierung von Intimität. Frankfurt am Main 1982.

Niklas Luhmann, Mein Mittelalter, in: Rechtshistorisches Journal 10 (1991), 66–70.

Friedrich Maurer, Leid. Studien zur Bedeutungs- und Problemgeschichte besonders in den großen Epen der staufischen Zeit. (Bibliotheca Germanica, 1.) Bern / München 1951.

Volker Mertens, Laudine. Soziale Problematik im ‚Iwein' Hartmanns von Aue. Berlin 1978.

Peter von Moos, Einleitung. Persönliche Identität vor der Moderne. Zum Wechselspiel von sozialer Zuschreibung und Selbstbeschreibung, in: Ders. (Hrsg.), Unverwechselbarkeit (2004), 1–42.

Peter von Moos (Hrsg.), Unverwechselbarkeit. Persönliche Identität und Identifikation in der vormodernen Gesellschaft. (Norm und Struktur, 23.) Köln u. a. 2004.

Jan-Dirk Müller, Das Nibelungenlied, neu bearbeitete und erweiterte Auflage. (Klassiker-Lektüren, 5.) Berlin 2009.

Jan-Dirk Müller, Einige Probleme des Begriffs „Metonymisches Erzählen", erscheint in: Poetica 46 (2014).

Jan-Dirk Müller, Sivrit: *künec – man – eigenholt*. Zur sozialen Problematik des Nibelungenliedes, in: Amsterdamer Beiträge zur älteren Germanistik 7 (1974), 85–124.

Jan-Dirk Müller, Spielregeln für den Untergang. Die Welt des Nibelungenliedes. Tübingen 1998.

Jan-Dirk Müller, Woran erkennt man einander im Heldenepos? Beobachtungen an Wolframs ‚Willehalm', dem ‚Nibelungenlied', dem ‚Wormser Rosengarten A' und dem ‚Eckenlied'. in: Gertrud Blaschitz u. a. (Hrsg.), Symbole des Alltags – Alltag der Symbole. Festschrift zum 65. Geburtstag von Harry Kühnel. Graz 1992, 87–111.

Das Nibelungenlied. Nach der Ausgabe von Karl Bartsch. 15. neu bearbeitete Auflage hrsg. v. *Helmuth de Boor*. (Deutsche Klassiker des Mittelalters.) Wiesbaden 1959.

Das Nibelungenlied. Mittelhochdeutscher Text und Übertragung. Hrsg., übersetzt und mit einem Anhang versehen von *Helmut Brackert*. 2 Teile, Frankfurt am Main 1970.

Das Nibelungenlied. Mittelhochdeutsch / Neuhochdeutsch. Nach dem Text von Karl Bartsch und Helmut de Boor ins Neuhochdeutsche übersetzt und kommentiert von *Siegfried Grosse*. Stuttgart 1997.

Das Nibelungenlied und die Klage. Nach der Handschrift 857 der Stiftsbibliothek St. Gallen. Mittelhochdeutscher Text, Übersetzung und Kommentar von *Joachim Heinzle*. (Bibliothek des Mittelalters, 12.) Berlin 2013.

Das Nibelungenlied. Nach der Hs. C der Badischen Landesbibliothek Karlsruhe. Mittelhochdeutsch und Neuhochdeutsch. Hrsg. und übersetzt von *Ursula Schulze*. Düsseldorf / Zürich 2009.

Matthias Nix, Untersuchungen zur politischen Spruchdichtung Walthers von der Vogelweide. (Göppinger Arbeiten zur Germanistik, 592.) Göppingen 1993.

Theodor Nolte, Das Bild König Philipps von Schwaben in der Lyrik Walthers von der Vogelweide, in: Rzihacek / Spreitzer (Hrsg.), Philipp von Schwaben (2010), 99–11.

Chrestien de Troyes, Yvain. Übersetzt und eingeleitet von *Ilse Nolting-Hauff*. München 1962.

Otto Gerhard Oexle, Luhmanns Mittelalter, in: Rechtshistorisches Journal 10 (1991), 53–66.

Andrea Rzihacek / Renate Spreitzer (Hrsg.), Philipp von Schwaben. Beiträge der internationalen Tagung anlässlich seines 800. Todestages. Wien, 29. bis 30. Mai 2008. (Österreichische Akademie der Wissenschaften, Philosophisch-historische Klasse. Denkschriften, 399 = Forschungen zur Geschichte des Mittelalters, 19.) Wien 2010.

Percy Ernst Schramm, Herrschaftszeichen und Staatssymbolik. (Schriften der Monumenta Germaniae Historica, 13,1–3.) Stuttgart 1954–1956.

Percy Ernst Schramm, Die Ordines der mittelalterlichen Kaiserkrönung. Ein Beitrag zur Geschichte des Kaisertums, in: Archiv für Urkundenforschung 11 (1929), 286–390.

Armin Schulz, Erzähltheorie in mediävistischer Perspektive. Hrsg. v. Manuel Braun / Alexandra Dunkel / Jan-Dirk Müller. Berlin / Boston 2012.

Armin Schulz, Schwieriges Erkennen. Personenidentifizierung in der mittelhochdeutschen Epik. (Münchener Texte und Untersuchungen zur deutschen Literatur des Mittelalters, 135.) Tübingen 2008.

Klaus von See, Held und Kollektiv, in: Zeitschrift für deutsches Altertum 122 (1993), 1–35.

Reinhart Staats, Die Reichskrone. Geschichte und Bedeutung eines europäischen Symbols. Göttingen 1991.

Peter Strohschneider, Einfache Regeln – komplexe Strukturen. Ein strukturanalytisches Experiment zum ‚Nibelungenlied', in: Wolfgang Harms / Jan-Dirk Müller (Hrsg.), Mediävistische Komparatistik. Festschrift Franz Josef Worstbrock. Stuttgart / Leipzig 1997, 43–74.

Walther von der Vogelweide, Leich, Lieder, Sprüche. 14., völlig neubearbeitete Auflage der Ausgabe Karl Lachmanns mit Beiträgen von Thomas Bein und Horst Brunner hrsg. v. *Christoph Cormeau*. Berlin / New York 1996.

Peter Wapnewski, Die Weisen aus dem Morgenlande. Zu Walther von der Vogelweide 19,5, in: Ders., Waz ist minne. Studien zur mittelhochdeutschen Lyrik. München 1979, 155–180.

Die Weingartner Liederhandschrift. Faksimileband. Stuttgart 1969.

David Wellberry, Übertragen. Metapher und Metonymie, in: Heinrich Bosse / Ursula Renner (Hrsg.), Literaturwissenschaft. Einführung in ein Sprachspiel. Freiburg 1999, 139–155.

Horst Wenzel, Hören und Sehen. Schrift und Bild. Kultur und Gedächtnis im Mittelalter. München 1995.

Wolfram von Eschenbach, Parzival. 2 Bde. Nach der Ausgabe Karl Lachmanns revidiert und kommentiert von *Eberhard Nellmann*, übertragen von *Dieter Kühn*. (Bibliothek des Mittelalters. 8,1/2.), Frankfurt am Main 1994.

Franz Josef Worstbrock, Fernliebe. Allgemeines und Besonderes zur Geschichte einer literarischen Konstanten, in: Sonja Glauch / Susanne Köbele / Uta Störmer-Caysa (Hrsg.), Projektion – Reflexion – Ferne. Räumliche Vorstellungen und Denkfiguren im Mittelalter. Berlin / Boston 2011, 137–159.

Franz Josef Worstbrock, Die Überlieferung der Budapester Minnesang-Fragmente. Zur Historizität mittelalterlicher Textvarianz, in: Ders., Ausgewählte Schriften, Bd. 1: Schriften zur Literatur des Mittelalters. Stuttgart 2004, 61–86.

Zu Person und Werk des Autors

Prof. Dr. Jan-Dirk Müller, geboren 1941, war nach Stationen in Köln, Heidelberg, Münster/Westf. und Hamburg zuletzt Inhaber des Lehrstuhls für deutsche Sprache und Literatur des Mittelalters an der Ludwig-Maximilians-Universität München. Er ist Ordentliches Mitglied der Bayerischen Akademie der Wissenschaften und Korrespondierendes Mitglied der Akademie der Wissenschaften zu Göttingen, wirkte an zahlreichen Beiräten wissenschaftlicher Einrichtungen mit und wurde u. a. auf Fellowships der Universitäten Berkeley, Kansas und Wien berufen. Sein Werk schließt seit seiner Promotion Studien zur Barocklyrik und zu Autoren der Aufklärung ein, doch liegt der Schwerpunkt auf der Literatur des Mittelalters. Berühmt wurde J.-D. Müller vor allem durch seine Habilitationsschrift über „Gedechtnus. Literatur und Hofgesellschaft um Maximilian I." von 1976, in der er eine Brücke zwischen den höfischen Traditionen des 12./13. Jahrhunderts und der Zeit von Humanismus und Renaissance schlug. Müllers Arbeiten beschränken sich nie auf die reine Formgeschichte, sondern nehmen immer zugleich die Interdependenz der Literatur mit ihrem historischen Kontext in den Blick, sie sind stark sozialgeschichtlich bzw. kulturwissenschaftlich geprägt. Einen bevorzugten Gegenstand seines Schaffens bildet das Nibelungenlied, das er in einem mehrfach aufgelegten Buch als Auseinandersetzung mit der heroischen Vergangenheit aus dem Blickwinkel einer feudalhöfischen Gegenwart deutete. Sein bisher letztes Werk mit ausgewählten Abhandlungen zur „Mediävistische(n) Kulturwissenschaft" erschien 2010.

Bei Fragen zur Produktsicherheit wenden Sie sich bitte an:
If you have any questions regarding product safety,
please contact:

Walter de Gruyter GmbH
Genthiner Straße 13
10785 Berlin
productsafety@degruyterbrill.com